教师职业道德与教育法律法规

主　审　童三红

主　编　贺　慧　袁　芳　彭　锦

副主编　代朝霞　郝一双　赵欣怡　胡　璇　宋雪敏

重庆大学出版社

图书在版编目(CIP)数据

教师职业道德与教育法律法规/贺慧,袁芳,彭锦
主编. -- 重庆:重庆大学出版社,2025.8. -- ISBN
978-7-5689-5369-6

Ⅰ. G451.6;D922.16

中国国家版本馆 CIP 数据核字第 2025KP9447 号

教师职业道德与教育法律法规
JIAOSHI ZHIYE DAODE YU JIAOYU FALÜ FAGUI

主 编 贺 慧 袁 芳 彭 锦
策划编辑:唐启秀
责任编辑:张 祎 版式设计:唐启秀
责任校对:王 倩 责任印制:张 策

*

重庆大学出版社出版发行
社址:重庆市沙坪坝区大学城西路 21 号
邮编:401331
电话:(023)88617190 88617185(中小学)
传真:(023)88617186 88617166
网址:http://www.cqup.com.cn
邮箱:fxk@cqup.com.cn(营销中心)
全国新华书店经销
重庆正光印务股份有限公司印刷

*

开本:787mm×1092mm 1/16 印张:11.5 字数:274 千
2025 年 8 月第 1 版 2025 年 8 月第 1 次印刷
ISBN 978-7-5689-5369-6 定价:45.00 元

前　言

习近平总书记强调："一个人遇到好老师是人生的幸运，一个学校拥有好老师是学校的光荣，一个民族源源不断涌现出一批又一批好老师则是民族的希望。"随着教育改革的不断深入及法治进程的推进，好的教师不仅应具有崇高的职业道德，而且应具备一定的教育法规常识。教师的职业行为不再是依靠单纯的道德调节，同时也受教育法律法规的约束，不仅要合理、合情，而且要合法、守法。相比以往，教师更需要善于反思和富有育人智慧，以此成为教育领域中的重要力量。

本教材的框架体系较其他教材有所调整，大部分教材是教师职业道德内容在前，教育法律法规内容在后。本教材分为上下篇：上篇是教育法律法规（权利和义务的关系），下篇是教师职业道德（情怀和信念的生成）。因为我们深深体会到，教师职业道德的提升不是一蹴而就的，它需要在理解教育法律法规，懂得权利和义务的规范下行使，从而维护教师职业尊严和合法权益。在教育实践中，教师通过对职业义务、良心、理想、公正的实践感悟，理解教师职业道德规范和准则，才有可能真正成为有幸福感的"四有"好老师。因此，本教材中先学习教育法律法规后学习教师职业道德，这也更加符合师范生成长的发展路径。

上篇为教育法律法规。通过了解教育法律法规的基本概念、国家依法治教、学生权益保护、学校依法治校和教师依法执教，培养未来教师在职场中的法治思维与法治观念，增强依法治校的意识，提高依法执教的能力，推进学校治理的法治化，充分保障学生特别是未成年学生的合法权益，为培养学生的实践能力和创新精神创造条件。

下篇为教师职业道德。结合教师职业道德的基本概念、范畴、中小学教师职业道德规范等，促进教师职业道德养成以及教育情怀的生成。教师职业道德不仅仅是规范的一般遵循，更是需要结合教育规律将教师工作中的各项权利和义务内化于心，使之升华，形成未来教师的坚定信念。

本教材顺应当前基础教育改革对教师综合素质要求的新趋势，以中小学现实问题为焦点，以典型案例为切入点，促进理论与实践的结合与相互转化，致力于帮助学生形成良好的职业道德和法律法规意识，促进教师专业化成长。希望通过本教材的学习实现三个目标：一是知识目标。掌握师德规范和教育法律法规要求，了解教育领域的基本法治素养，确立法律法规理念，理解职业特点，掌握基本道德规范和实践要求，树立正确的教师职业行为意识。二是能力目标。结合案例分析形成对教师职场中法律与道德问题反思和运用的能力，深入理解法律法规和职业道德要求，提高教师专业化素养。三是素养目标。对案例进行反思，体会时代赋予教师职业的新要求，培养职业认同感，指导学生理解国家、学校、教师和自身的权利和义务及其相互之间的关系，形成教育法律思维，理解教师与几个群体之间的道德要求，陶冶道德情操。

时代的进步也带来教育法律法规的逐步完善和教师职业道德的不断提升，本教材内容体系力求与时俱进。本教材编写既注重理论的系统性，也注重解决教育实践的应用性，章节有相应的案例分析；既注重编写过程的学术性，也注重教材形式的丰富性，章节有知识点链接、典型视频以及课后小练。希望能成为大家专业课程学习、应考教师资格以及日常教师素养提升的学习读本。

本教材编写主要由黄冈师范学院教育学院"教师职业道德与教育法律法规"课程组教师完成。黄冈师范学院作为一所百年师范院校，注重与地方中小学教育实践相结合，学校先后实施了卓越教师计划、优师计划等，在师范专业人才培养方面具有丰富经验。这些都为本教材的编写奠定了坚实基础。本教材是湖北省教育科学规划课题"师范专业认证视域下教师教育课程优化发展路径研究"（项目编号2023GB076）、鄂东教育与文化研究中心开放基金项目"促进中小学生'五项管理'实现中的家校协同育人机制研究"（项目编号202237704）、省级教学改革研究项目"大思政视域下师范生师德践行能力培育体系的建构与应用研究"（项目编号2023565），以及校级教研项目"基于实践智慧生成的教师教育课程教学改革研究"（项目编号2022CE49）的阶段性成果。由于编者学术视野和学术能力的限制，本教材难免有不足之处，我们也将在教材使用中进一步总结反思，并不断修订和完善。同时，欢迎广大读者和同行批评指正。

目 录

上篇　教育法律法规

第一章 教育法律法规基本原理

学习目标：

1. 了解教育法、教育法律关系、教育法律责任等教师基本法治素养的相关常识与要求。

2. 树立教育法律意识和观念，具备初步的教育法治思维。

3. 通过对基本教育法治素养的了解，形成具备法治价值引导的教育责任感。

问题情景：

国家在我们教育事业发展中作出了哪些努力？学生在学校发生事故是否一定由学校负责赔偿？教师管理学生为什么有法律风险？学生应该享有哪些基本权益？作为师范生，我们即将走进教师职场，我们有必要从教育法律法规的范畴了解国家、学校、教师和学生主体的相应权益，以便进入职场情景时能合法合规地开展教育活动。本章将引导大家走进教育法律法规概述部分，了解教育法规、教育法律关系、教育法律责任、教育法律救济等基本法律常识，帮助未来教师建立基本的教育法律思维。

第一节 教育法规概述

一、教育法规的内涵

（一）法律和法规

法律是由国家制定或认可，以国家强制力保障实施的行为规范的总称。法律有广义和狭义之分，广义的法律是指法的整体，包括法律、有法律效力的解释、国家行政机关为执行法律而制定的行政法规、部门规章等规范性文件。广义上，法规和法律同义，实际用语中，常常混用；狭义上，法律和法规有所区别，狭义的法律指国家立法机关制定的规范性文件，狭义的法规指国家行政机关制定的行政法规和地方权力机关制定的地方性法规。

（二）教育法规

教育法规是指由国家制定或认可，并由国家强制力保证实施，调整教育活动中各种教育法律关系的行为规范的总和。教育法规的制定主体是一切具有立法权的国家机关，不仅有最高立法机关，还有地方立法机关和行政机关。[①] 因此，教育法规是一个泛指的概念。在我国，其范围既包括全国人民代表大会及其常务委员会所制定的教育法律，也包括国务院制定的教育行政法规和国务院所属各部委制定的部门规章，还包括地方权力机关和地方行政机关制定的地方性教育法规和行政规章。教育法规的含义可从以下几个方面进行理解。

1.教育法规由国家制定或认可

教育法规产生的两种方式：国家机关制定或认可。制定是由国家机关依据法定的权限和程序，制定具有不同法律效力的规范性文件。如全国人民代表大会及其常务委员会制定法律，国务院制定行政法规，国务院所属各部委制定部门规章，地方各级人民代表大会和地方政府分别制定地方性法规和地方政府规章。认可是指国家机关赋予某些早已存在的行为规则（如某些风俗习惯、判例等）以法律效力。认可通常有三种情况，[②] 一是赋予社会上早已存在的某些一般社会规范，如传统、习惯、经验、道德、习俗、礼仪等，像教育中教师应当为人师表、学生应当尊敬师长、父母对子女有教育权利等，这样一些社会传统、习惯、道德是法律认可的。二是认可国家承认和签订的国际条约，如《儿童权利公约》《世界人权宣言》等。三是人民法院对具体案件的裁决作出概括而产生的规则或原则，并赋予这些规则或原则以法律效力，如收录到最高人民法院公报上的典型案例。国家机关制定或认可的教育法规对全社会的成员具有法律约束力，设定教育权利和义务，规范人们的教育行为和调整教育法律关系，维护社会成员的教育利益。

2.教育法规由国家强制力保证实施

经国家机关制定或认可形成的教育法规如果不加以实施，便如同一纸空文。因此，教育法规必须由专门的国家权力机关以强制力保障实施。教育法规不同于道德、宗教，依靠人们的道德价值观、社会舆论和宗教教义等非强制性规范约束人们的行为，任何人无论个人是否愿意都必须遵守教育法规，违反教育法规就要受到法律强制力的制裁。如《中华人民共和国义务教育法》（以下简称《义务教育法》）第五十八条规定："适龄儿童、少年的父母或者其他法定监护人无正当理由未依照本法规定送适龄儿童、少年入学接受义务教育的，由当地乡镇人民政府或者县级人民政府教育行政部门给予批评教育，责令限期改正。"

---

① 苏艳霞.教育政策与法规 [M].北京：北京师范大学出版社，2016：8.
② 石正义.小学教育政策与法规 [M].北京：北京师范大学出版社，2015：91.

3. 教育法规是规范和调整教育关系的准则

教育法规规范和调整的对象是教育关系，这是教育法规独有的特性。法律的调整对象是该法区别于其他法的基本特征。如行政法以行政关系为调整对象，民法以人身关系和财产关系为调整对象，劳动法以劳动关系为调整对象。教育法规规范和调整的教育关系，是指教育活动过程中各教育主体之间的社会关系，即学生、教师、学校、国家（政府）、社会（家长）五大主体之间所形成的关系。因此，教育法规是教育主体在教育活动中的行为规则体系，它以权利和义务的表现形式，规范参与教育活动中的各主体的教育行为和调整在教育活动中形成的教育法律关系，确保教育活动能够有序进行。

二、教育法规的特征[①]

（一）主体的多样性

教育法规的主体是教育法律关系的参加者或者权利义务的承担者，包括自然人、法人和其他组织，可分为教育系统内部和教育系统外部。教育系统内部主要包括学校、教师、学生等，教育系统外部主要包括各级人民政府及其有关部门、企业事业单位、其他社会组织和家长等。这些主体在教育活动中享有广泛的权利，承担多方面的义务，均可成为教育法律关系的主体，因此教育法规的主体呈现多样性。

（二）调整范围的广泛性

教育法规主体的多样性直接决定了教育法规调整范围的广泛性。我国教育法规不仅确立了教育系统内部的学校、教师、学生各主体的行为规范，而且确定了教育系统外部的各级人民政府及其有关部门、企业、事业单位、其他社会组织、学生家长和其他公民等各主体参与教育相关活动的行为规范。它的调整范围包括举办教育、管理教育、实施教育、接受教育，参与、支持和帮助教育等诸多方面。这些活动涉及教育行政机关、其他国家机关、社会组织、学校、社会团体以及几乎每个家庭和公民。其中的各种利益关系只能以体现国家意志的法律加以调整，这就决定了教育法规调整范围的广泛性。

（三）法律关系的复杂性

教育活动中的各种关系是极其复杂的，各活动主体的权利和义务相互关联，有时会充满矛盾和冲突。如教育活动内部的师生关系，教师管理学生过程中容易出现学生权利受到侵害，教师的权利没有得到很好履行等。随着办学体制、管理体制、投入体制、招生就业制度、学校内部管理体制等方面的全面改革，教育领域中的社会关系发生了重大变化。如学校与教师之间的

---

①杜德栎，任永泽.教师道德与教育法规 [M].北京：北京大学出版社，2016：121-122.

聘任关系，学校事故中的责任归属关系，产学研一体中的学校、科研机构和企业之间的关系，金融机构与学生之间的贷款关系，教育机构之间的协作、各种社会组织之间的联合办学所需要界定的产权关系，民办教育机构的举办管理者、教师、学生之间的关系，学校与用人单位之间的委托培养关系等。对各种利益关系只能以体现国家意志的法律加以调整，这就是法律关系中的复杂性。

（四）法律关系的行政主导性

教育法规调整的教育关系以行政法律关系为主，具有行政主导性。这与民事关系特有的双向性和刑事关系的触犯刑律性有重要区别，而与行政规范有很强的关联。现实中出现的许多涉及教育的矛盾与纠纷，都可以在现行的法律框架内找到合适的解决方案，但是最终的解决与政府在教育领域内的角色转化有密不可分的关系。例如，政府制定的教育法律法规中对教育机构的设立和管理的程序及要求进行了规定，对教育工作者的资格认定和职业行为进行了规范，对教育活动的内容和方式进行了由行政主导的规范等。因此，政府的角色可以是政策制定者、提供者、协调者、监督者。在角色转化的过程中，政府扮演的角色从过去的单一职能转向更加综合和多元化的角色。政府扮演的角色转化需要综合考虑社会需求、教育发展情况、政府能力和职能等因素，确保转化的方向和方式符合教育发展需要。

📖 **案例：**

某学校教师在教育过程中与学生发生争执，甚至采取不当体罚措施，导致学生身心健康受损。家长对此表示强烈不满，要求学校及教师承担责任。

1. 法律框架内的解决方式：

根据《中华人民共和国教师法》等相关法律，教师应当尊重学生的人格尊严和合法权益，不得对学生实施体罚或变相体罚。对于违反规定的教师，学校和教育行政部门可以依法给予行政处分或解聘等处理。

2. 政府角色的转化方式：

（1）监督与问责：政府应加大对学校和教育行政部门的监督力度，确保其依法依规履行职责，对违规行为进行严肃处理。

（2）培训与引导：加强对教师的职业道德和法律法规培训，引导其树立正确的教育理念和行为规范。

（3）维护学生权益：建立健全学生权益保护机制，及时受理和处理学生及家长的投诉举报，保障学生的合法权益不受侵害。

以上展示了在面对教育矛盾与纠纷时，在现行法律框架内，政府如何通过角色转化来更加积极地参与、协调和引导问题解决的过程。

（五）法律后果的特殊性

法律后果的特殊性主要表现在对违反教育法规行为的处理方式上，与其他法律相比，教育法规具有自身的特殊性。

1. 注重保护受教育者，尤其是青少年学生

教育法规的核心是保障公民的受教育权，尤其是保护权利能力和行为能力不一致的青少年学生。对学生错误行为的处理主要是采取批评教育的方式。如对不按时入学的适龄儿童，主要是进行耐心的说服教育，只要他们入学或返校就读即可，对他们本人并不进行处罚，而是要处罚其家长或其他监护人。

2. 注重教师的特殊职业权利

在教育活动中，教师享有《中华人民共和国教师法》（以下简称《教师法》）所规定的特殊权利，包括教育教学权、科学研究权、管理学生权、薪酬待遇权、进修培训权等。在具体的教育实践和对教师违法行为的处理中，要把保护教师的权利和工作积极性等方面因素统一起来考虑。

3. 注重维护学校的正当权益

教育是国家的公共事业，学校是培养人的场所，教育法规给予其特殊的保护。教育法规规定任何组织或者个人不得侵占、克扣、挪用义务教育经费，不得扰乱教学秩序，不得侵占、破坏学校的场地、房屋和设备。对违反者，应根据不同情况，分别给予行政处分或行政处罚；造成损失的，责令赔偿损失；情节严重构成犯罪的，依法追究刑事责任。在具体处理过程中，一般应从快、从严，体现出对学校正当权益的特殊重视。

三、教育法规的体系结构

教育法规体系是指教育法作为一个专门的法律部分，按照一定的横向联系和纵向联系，将具有不同内容的教育法律规范，有机地结合为一个具有内在协调关系的、和谐统一的法律规范体系。它是中国特色社会主义法律体系的一个子系统，是调整教育系统内外诸多法律关系的各种法规规范的综合。一个国家的教育立法，在很大程度上取决于是否有一个完善、有效的教育法规体系。

（一）教育法规的横向结构

教育法规体系的横向结构是指依据教育法规调整的教育社会关系的特点或教育关系构成要素的不同，划分出若干处于同一层级的部门教育法规，形成法规调整的横向覆盖面。可以理解为教育法的横向结构是以调整对象的不同为依据，由各部门制定的教育法规构成的部门

法规体系。

在教育法规的横向结构中，部门法规之间存在两种关系：一是部门法规之间的并列关系，二是部门法规之间的交叉关系。交叉关系主要是由于有时一种教育法规可作用于多个领域。

我国教育法规体系的横向结构主要包含以下几个部类。

（1）教育基本法：我国教育法体系的第一个层次。《中华人民共和国教育法》（以下简称《教育法》）是我国教育的基本法，是制定其他教育法律法规的依据。

（2）基础教育法：对基础教育中的法律关系进行调整的教育法。包括学前教育、初等教育、中等教育、义务教育及未成年人教育等方面的教育法。

（3）职业教育法：调整各种职业教育涉及的法律关系的教育法。

（4）高等教育法：对高等教育中的法律关系进行调整的教育法。

（5）终身教育法或社会教育法。

（6）学位法：规范学位授予活动，保护学位申请人的合法权益，保障学位制度实施的法律。

（7）教师法：调整教育教学活动中教师权利、义务关系的教育法规。

（8）学前教育法：保障适龄儿童接受学前教育，规范学前教育实施，促进学前教育普及、普惠、安全、优质发展。

（9）教育投入法或教育财政法：调整教育经费的投入、分配和使用关系的教育法规。这也是不可缺少的一个部分，目前还没有专门的教育立法，主要涵盖在其他部类的法律法规中。

构建完整的教育法规体系结构是一个系统工程，需要较长的时间。它会随着我国教育事业的不断发展，随着对教育立法力度的不断加大，得到不断发展和完善。如2024年11月8日第十四届全国人民代表大会常务委员会第十二次会议通过的《中华人民共和国学前教育法》，于2025年6月1日起实施，将对学前教育改革发展产生重大而深远的影响。

（二）教育法规的纵向结构

教育法规的纵向结构，也可以说是指其法律效力的来源。教育法规的纵向结构是指一个国家的所有教育法规按照效力、级别和适用范围进行划分，形成不同的层次。在我国，按照法律效力层次从高到低由以下部分组成：宪法中有关教育的条款、教育基本法律、教育单行法律、教育行政法规、地方性教育法规、教育规章（含各部委教育规章和地方政府教育规章）。所有这些教育法律、法规及教育规章，根据制定机关的不同而表现出不同的法律效力。

我国教育法规的纵向结构如下。

1.《中华人民共和国宪法》中有关教育法规的条款

宪法是国家的根本大法。《中华人民共和国宪法》（以下简称《宪法》）是由我国的最高权力机关——全国人民代表大会制定，它具有最高的法律地位和法律效力，是制定其他法律法规的立法依据。世界上绝大多数国家的宪法中都有专门关于教育的条款。在我国的宪法中，第十九条、第二十四条、第四十六条、第四十七条、八十九条、一百零七条、一百一十九条等都涉及了教育的内容，这些条款对国家发展教育事业的目的、公民受教育的权利，父母在教育方面的义务，各级政府管理教育工作的权限等作了根本的规定，其他任何形式的教育法律法规都不得同《宪法》的这些内容相抵触。

相关链接：

《中华人民共和国宪法》中的教育条款

第十九条 国家发展社会主义的教育事业，提高全国人民的科学文化水平。

国家举办各种学校，普及初等义务教育，发展中等教育、职业教育和高等教育，并且发展学前教育。

国家发展各种教育设施，扫除文盲，对工人、农民、国家工作人员和其他劳动者进行政治、文化、科学、技术、业务的教育，鼓励自学成才。

国家鼓励集体经济组织、国家企业事业组织和其他社会力量依照法律规定举办各种教育事业。

国家推广全国通用的普通话。

第二十四条 国家通过普及理想教育、道德教育、文化教育、纪律和法制教育，通过在城乡不同范围的群众中制定和执行各种守则、公约，加强社会主义精神文明的建设。

国家倡导社会主义核心价值观，提倡爱祖国、爱人民、爱劳动、爱科学、爱社会主义的公德，在人民中进行爱国主义、集体主义和国际主义、共产主义的教育，进行辩证唯物主义和历史唯物主义的教育，反对资本主义的、封建主义的和其他的腐朽思想。

第四十六条 中华人民共和国公民有受教育的权利和义务。

国家培养青年、少年、儿童在品德、智力、体质等方面全面发展。

第四十七条 中华人民共和国公民有进行科学研究、文学艺术创作和其他文化活动的自由。国家对于从事教育、科学、技术、文学、艺术和其他文化事业的公民的有益于人民的创造性工作，给以鼓励和帮助。

第八十九条 国务院行使下列职权：

（七）领导和管理教育、科学、文化、卫生、体育和计划生育工作。

第一百零七条 县级以上地方各级人民政府依照法律规定的权限，管理本行政区域内的经济、教育、科学、文化、卫生、体育事业、城乡建设事业和财政、民政、公安、民族事务、司法行政、计划生育等行政工作，发布决定和命令，任免、培训、考核和奖惩行政工作人员。

乡、民族乡、镇的人民政府执行本级人民代表大会的决议和上级国家行政机关的决定和命令，管理本行政区域内的行政工作。

省、直辖市的人民政府决定乡、民族乡、镇的建置和区域划分。

第一百一十九条　民族自治地方的自治机关自主地管理本地方的教育、科学、文化、卫生、体育事业，保护和整理民族的文化遗产，发展和繁荣民族文化。

2. 教育法律

这里的教育法律是狭义的教育法律，专指由最高国家权力机关（全国人民代表大会）及其常设机关（常务委员会）制定和颁布的有关教育的规范性文件。根据制定机关的不同，法律可分为教育基本法和基本法以外的单行法。

1）教育基本法

教育基本法是指全国人民代表大会制定的法律，规定和调整教育事业带根本性、普遍性的问题，对整个教育全局起到宏观调控作用，我们称其为"教育宪法"或"教育母法"。我国的教育基本法是《教育法》（1995 年颁布，2009 年第一次修正，2015 年第二次修正，2021年第三次修正）。《教育法》对我国教育的基本方针、任务和制度都作了总体规定。《教育法》位阶仅次于《宪法》，是制定其他教育法规的依据，是教育法规最基本的法源。

2）教育单行法

教育单行法是指由全国人民代表大会或全国人大常委会制定并通过的法律，是针对教育的某一领域或某方面教育工作作出的法律规定。我国这类法律有《义务教育法》《教师法》《中华人民共和国未成年人保护法》《中华人民共和国学位条例》《中华人民共和国职业教育法》《中华人民共和国高等教育法》《中华人民共和国民办教育促进法》等。

3. 教育法规

这里的教育法规是指狭义的教育法规，包括教育行政法规和地方性教育法规。

1）教育行政法规

教育行政法规是由最高国家行政机关（国务院）依据《宪法》和教育法律制定或批准的关于教育行政管理的规范性文件，其效力和地位比教育法律低。它是全国范围内实施具体教育的重要法律依据。具体来说，教育行政法规是国务院实施教育基本法和部门法而制定的条例、规定、办法等行政性法规。

"办法""细则"是对某一项教育行政工作作出比较具体的规定。如《中华人民共和国学位条例暂行实施办法》《中华人民共和国义务教育法实施细则》等。

"规定""条例"是对某一方面教育行政工作作出较为全面、系统的规定。如《禁止使用童工规定》《学校体育工作条例》《学校卫生工作条例》《残疾人教育条例》《教学成果奖励条例》

《教师资格条例》等。

2）地方性教育法规

地方性法规是地方国家权力机关（主要包括省、自治区、直辖市的人大及其常委会，省、自治区的人民政府所在地的市和经国务院批准的较大的市的人大及其常委会）依据《宪法》和相关法律，结合本地实际，制定的地方性法律文件。地方性法规须报全国人大常委会备案，一般称作条例、规定、办法、实施细则、补充规定等。如《湖北省义务教育条例》《湖北省实施〈中华人民共和国教师法〉办法》等。地方性教育法规只在本行政区域内有效，不得同《宪法》、法律和行政法规相抵触。

4. 教育规章

教育规章包括部门规章和地方性规章。部门规章是指国务院所属各部委根据法律和行政法规，在本部委权限范围内单独或与其他部委联合发布的有关教育工作的规范性文件。部门教育规章是执行教育法律、行政法规的具体办法，具有一定的强制性。这类文件主要就国家有关教育的法律、行政法规的实施问题制定出相应的实施办法、条例、大纲、标准等，以保证相关法律、行政法规的实施。其效力虽低于国务院制定的行政法规，但是在全国范围内有效。部门教育规章通常以"教育部令"的形式签发，或由教育部会同国务院其他部委联名发布。如《农村义务教育学生营养改善计划实施办法》即由教育部等七部门制定并印发。教育规章的调整范围极其广泛，数量也很大，在管理教育中发挥了十分重要的作用。如《中小学教师职业道德规范》《学生伤害事故处理办法》等。

地方性规章是指地方行政机关制定的规范性教育文件。主要由省、自治区、直辖市人民政府制定，常用的名称是规定、办法、实施意见等。地方政府规章只在本行政区域内具有法律效力。

以下是教育法规体系的纵向结构（见表1.1）。

表 1.1 教育法规体系的纵向结构

形 式		制定机关	举 例
《中华人民共和国宪法》中的教育条款		最高国家权力机关（全国人民代表大会）	《中华人民共和国宪法》第四十六条："中华人民共和国公民有受教育的权利和义务。"
教育法律	教育基本法	最高国家权力机关（全国人民代表大会）	《中华人民共和国教育法》
	教育单行法	全国人民代表大会常务委员会	《中华人民共和国教师法》
教育法规	教育行政法规	最高国家行政机关（国务院）	《教师资格条例》
	地方性教育法规	省、自治区、直辖市的人大及其人大常委会	某省义务教育条例

续表

形 式		制定机关	举 例
教育规章	部门教育规章	国务院所属各部委	《农村义务教育学生营养改善计划实施办法》（教育部等七部门印发）
	地方政府教育规章	省、自治区、直辖市人民政府	某省幼儿园登记注册管理办法

四、教育法规的执行

（一）正确处理大法与小法、上位法与下位法、母法与子法的关系

《宪法》是国家的根本大法，属于上位法，一切教育法律、法规不得与它相抵触。教育基本法是母法，高于其他单行的教育法律和法规。

（二）后定法规优于先定法规

在执行的过程中，如遇到具有同等效力的两种或两种以上的法规，在内容上出现矛盾时，应以后制定的法规为准。

（三）特别法规优于一般法规

民族地区、经济建设特区或国家处于非常时期，都可以根据特殊情况制定特别法规。特别法规与一般法规相比较，特别法规优于一般法规。

（四）要把执法、守法和法治宣传教育结合起来

执行教育法规时，应以说服教育为主，行政强制为辅。新的法律法规出台需要广泛宣传，让全社会自觉遵守。如《中华人民共和国未成年人保护法》（以下简称《未成年人保护法》）出台后，社会积极宣传，让人们知晓未成年人的相关权益保护。

五、教育法规与教育政策

（一）教育政策概念

教育政策是指政党和国家在一定历史时期，为实现一定的教育目的和任务，通过一定的程序制定的调节教育内外关系的行动依据和准则。教育政策是一个国家公共政策系统的有机组成部分，它与公共政策之间是个性与共性的关系，与一般公共政策一样具有公益性的特点，符合国家和社会的公共利益。教育与一般公共政策相比较，又具有自身的特殊性。[1] 主要体现在教

---

[1] 苏艳霞.教育政策与法规[M].北京：北京师范大学出版社，2016：3.

育政策活动和教育政策利益分配两个方面：首先，教育政策以教育活动及其问题为对象，而教育活动是培养人的社会活动，决定了教育政策的制定和实施依赖教育活动中人的积极、能动的参与。其次，教育政策分配教育利益与其他社会领域公共政策有所区别。教育利益的分配很大程度上是利用政府机制来分配的，尤其是义务教育领域的教育利益具有无偿性和非营利性。并且教育利益不表现为经济、权利、地位等利益，而是表现为个人身心发展的机会、发展的条件和资格认定，这关系到个人在现代社会中的未来发展。因此，公众对教育政策比其他社会政策更为关注。

（二）教育政策的功能

教育政策的功能就是通常所说的教育政策的作用。一般来说，教育政策主要具有导向、协调和控制三种功能。

1. 导向功能

教育政策的导向功能，是指教育政策对教育事业、教育活动和人们的行为具有实践引导作用。这种导向作用，既是对教育价值目标的引领和驱动，又是对教育实践活动和行为的规范与指导；既发挥直接的导向作用，也发挥间接的导向作用。其中，纲领性政策、基本政策是党和国家提出的教育事业改革和发展的指导思想、方针路线、战略重点、行动计划等，对教育工作具有战略性、全局性、根本性的指导和影响作用，更多地发挥价值导向和间接导向功能，而具体政策有更强的实践导向和直接导向功能。

以 2019 年中共中央、国务院发布的《中国教育现代化 2035》为例，该政策提出了推进教育现代化的八大基本理念：更加注重以德为先，更加注重全面发展，更加注重面向人人，更加注重终身学习，更加注重因材施教，更加注重知行合一，更加注重融合发展，更加注重共建共享。明确了推进教育现代化的基本原则：坚持党的领导、坚持中国特色、坚持优先发展、坚持服务人民、坚持改革创新、坚持依法治教、坚持统筹推进。提出了 2035 年主要发展目标：建成服务全民终身学习的现代教育体系、普及有质量的学前教育、实现优质均衡的义务教育、全面普及高中阶段教育、职业教育服务能力显著提升、高等教育竞争力明显提升、残疾儿童少年享有适合的教育、形成全社会共同参与的教育治理新格局。这对当前和今后一个时期内教育改革和发展起到重要的导向作用。

2. 协调功能

教育政策在社会发展和教育活动中，协调和平衡各种利益、要素之间的关系，发挥着调节器的作用。教育事业是一个复杂的系统工程，教育政策的协调功能主要体现在两个方面：一是对教育系统内部结构、关系进行调节平衡，如初等教育和中等教育、基础教育与高等教育、普通教育与职业教育、义务教育和非义务教育、发达地区教育与欠发达地区教育、城市教育与农村教育之间如何协调的问题，国家制定了一系列相关的教育政策。二是对教育系统与其他社会子系统之间的关系进行调节。同时，教育政策协调功能的发挥是有条件的，强调教育政策本身必须形成全面、配套和统一的体系。如加强未成年人保护工作，国家机关、武装力量、政党、人民团体、企业事业单位、社会组织、城乡基层群众性自治组织等，都有保护未成年人的责任，需共同保障未成年人的相关权益。

3. 控制功能

教育政策的制定和执行是为了调节教育利益、解决教育中存在的问题。教育政策通过规范、制约的方式对教育领域有关主体的行动或行为进行控制，保障教育活动的开展。这种控制既可能是一种促进和推动，也可能是对某些因素和现象的制止、抑制。这种控制既可能是对教育的数量、规模、速度方面的控制，也可能是对结构、功能、质量、效益的控制。

教育政策的控制功能具有强制性和惩罚性两个明显的特点。教育政策对各项教育改革与发展状况进行广泛的监督检查，违反了教育政策就要受到谴责和惩罚，及时发现和纠正教育事业发展中的不合理因素，以保障教育事业的正常运转和发展。

理论和实践表明，教育政策出台后的贯彻执行往往并非一帆风顺。教育政策制定者及政策对象的错误理解和消极行为，在一定程度上也会影响政策的贯彻落实。

（三）教育法规与教育政策的联系

（1）教育法规和教育政策的本质相同，具有共同的指导思想，体现国家和人民的教育利益。教育法规和教育政策具有共同的目的，都是为了调整在教育活动中形成的复杂多样的教育关系，规范教育关系主体的教育行为，平衡教育关系主体的教育利益，促进国家实现教育管理职能以及维护社会中的教育基本利益的实现，保障教育事业有序发展。

（2）教育法规和教育政策相互依存、相互影响。教育政策是教育法律的灵魂、制定依据。一般来说，教育法规，尤其是教育法律，建立在教育政策的基础上，成熟稳定的教育政策会被立为教育法律。例如：我国实施的免费义务教育政策成熟后经法律化程序上升为《义务教育法》。教育政策的实施同时又需要"法"的保障，只有合法化的教育政策才能成为真正可供遵循、实施的政策，同时政策实施的全过程都要依法进行。

（四）教育法规与教育政策的区别

（1）制定主体和约束力不同。教育法规是国家立法机关或行政机关依照一定的法定权限和法定程序制定，具有国家意志的属性和普遍约束力。如我国《教育法》是由全国人民代表大会通过的，对全社会成员都具有约束力。而教育政策既可以由国家机关制定，也可以由政党制定，不具有国家意志的属性和普遍约束力，也不具有法的效力。如《中国教育改革和发展纲要》由中共中央、国务院共同制定和发布，不具备法的效力。

（2）表现形式不同。教育法规的表现形式由《宪法》中的教育条款、教育法律、教育行政法规、地方性教育法规和教育行政规章等组成，以条文形式出现，在内容上明确而具体地规定组织或个人的权利、义务以及违法行为承担的法律责任。而教育政策主要以决定、指示、决议、纲要、通知、意见等形式出现，其文体格式多样，内容广泛，体现原则性，突出指导性，富有号召力。

（3）执行方式不同。教育法规的执行以国家强制力保证实施，具有普遍约束力，任何组织和个人必须遵守，违反教育法规需要承担教育法律责任，按照法律规定予以制裁。而教育政策的执行主要依靠宣传、教育、号召、解释等方式来贯彻落实，启发人们自觉遵循，其强制性有一定的限度。

（4）稳定程度不同。教育法规的稳定程度较高，教育法规经过法定程序制定，具有长期性和稳定性，一定时期内是不能随意改动的。而教育政策可根据社会政治、经济和教育发展过程中出现的新形势进行调整，具有较强的及时性和灵活性。

（5）公布的范围不同。教育法规经审议通过后，必须通过适当方式在全社会公布，让全体公民知晓和遵守。而教育政策不全都在全体公民中公布，有的政策只在一定时期或一定范围内公开。

第二节　教育法律关系

一、教育法律关系的概念

教育法律关系是教育法律规范在调整人们有关教育活动的行为过程中形成的权利和义务关系。[1] 教育法律关系的出现需要以教育法律规范作为前提条件，并随着教育法规的更新、调整而不断发生变化。教育法律关系既是一种教育关系，也是一种法律关系，如教与学的关系、教师与家庭、社会的关系。并非所有的教育社会关系都要由法律来调整和规范，只有通过国家的教育立法，被确定为由教育法调整的教育关系，才能成为教育法律关系；否则，只能是一种教育关系。教育法律规范会明确提出教育关系主体可以做或不可以做、应该或不应该做的事情，以及违反规定会产生的法律后果。如果没有教育法律规范对教育关系主体权利、义务和责任的规定，教育关系主体行为不会产生教育法律关系。例如，体罚涉及教师和学生之间的人身关系。在传统教育中，教师体罚学生被认为是理所当然的，教师体罚学生的行为不会承担法律责任，其间教师和学生的关系只是教育关系。《义务教育法》第二十九条明确提出："教师应当尊重学生的人格，不得歧视学生，不得对学生实施体罚、变相体罚或者其他侮辱人格尊严的行

[1]杜德栎，任永泽.教师道德与教育法规[M].北京：北京大学出版社，2025：134.

为，不得侵犯学生合法权益。"相关条款的法律法规颁布后，教师体罚学生的行为被纳入教育法的调整对象。这时因体罚行为而产生的教师和学生的关系就成为教育法律关系，教师体罚学生将产生法律后果。同理，某一法律关系如果法规调整了，教育法律关系也就会转变成其他法律关系。

二、教育法律关系的分类

教育法律关系从不同的角度可分为不同类型，主要有以下几种。

（一）教育内部法律关系和教育外部法律关系

依据教育法律关系主体的社会角色不同，可以分为教育内部的法律关系和教育外部的法律关系。

教育内部的法律关系主要是指由教育法律规范调整的教育系统内部各类教育机构、教育工作人员、教育对象之间的关系。如学校和教师、教师和学生的关系等。

教育外部的法律关系主要指适用教育法律法规调整的教育系统与其外部社会各方面之间发生的法律关系。如学校与政府的关系、学校与企事业单位的关系。这类教育法律关系的划分是相对的，在教育互动中常常同时发生，甚至交织在一起。

（二）隶属型教育法律关系和平权型教育法律关系

依据主体之间关系的类型，可以分为隶属型教育法律关系和平权型教育法律关系。

隶属型法律关系是以教育管理部门为核心向外辐射，权利主体双方是管理与被管理的关系，主要通过行政法律关系表现出来。但是教育行政法律关系不同于一般行政法律关系，如领导和服从、命令和执行的隶属关系，同时还更加强调教学民主和学术民主。

平权型法律关系是法律地位平等的教育关系主体之间产生的教育法律关系，通常视为教育民事法律关系。与一般民事法律关系相同的是具有横向的平等性。但这类教育法律关系与一般民事法律关系也有区别，具有明显的教育特征。随着教育民主化的发展，平权型教育法律关系的范围也会逐步扩大。

（三）调整性法律关系和保护性法律关系

根据法律规范发挥的作用，可以区分为调整性教育法律关系和保护性教育法律关系。

调整性教育法律关系是按照调整性教育法律规范所设定的教育关系模式，主体的教育权利能够正常实现的教育法律关系。如学生按照规定入学，教师按照《教师法》允许或要求的限度行使教育职权等。调整性教育法律关系以主体的合法行为作为成立基础，不需要使用法律制裁，它是实现教育法规规范职能的表现。

保护性法律关系是在主体的权利和义务不能正常实现的情况下，通过保护性教育法律规范，采取法律制裁手段而形成的教育法律关系。保护性教育法律关系以主体的违法行为作为产生基础，由国家行使制裁的权利，要求违法者承担相应的责任。《国务院办公厅关于进一步加强控辍保学、提高义务教育巩固水平的通知》规定："父母或者其他法定监护人应当依法送适龄儿童少年按时入学接受并完成义务教育，无正当理由未送适龄儿童少年入学接受义务教育或造成辍学的，由当地乡镇人民政府或者县级人民政府教育行政部门给予批评教育，责令限期改正；逾期不改的，由司法部门依法发放相关司法文书，敦促其保证辍学学生尽早复学；情节严重或构成犯罪的，依法追究法律责任。"调整性法律保护关系侧重预防和规范，通过明确各主体的权利和义务，建立良好的教育秩序，避免纠纷发生。保护性法律关系侧重救济和恢复，当权利受到侵害时，通过法律手段解决问题，维护公平正义。两者有助于明确法律的不同功能，确保法律既能预防问题，又能解决问题。

三、教育法律关系构成要素

教育法律关系的构成要素有教育法律关系的主体、客体和内容。三个要素相互制约，缺一不可。

（一）教育法律关系的主体

1. 含义和种类

教育法律关系主体是指教育法律关系的参加者，即在教育法律关系中享有权利或承担义务的个人或组织。教育法律关系主体种类繁多。如国家、教育行政机关及其工作人员、学校及其他教育机构、教职员工、学生及家长、用人单位、其他国家机关、企事业单位、社会团体组织，还有外国人和无国籍人等。概括起来，教育法律关系的主体分为以下三种。

（1）公民（自然人）。公民包含两类：中国公民、居住在中国境内或在境内活动的外国公民或者无国籍人。中国公民享有中国法律规定的公民所享有的所有权利，因此能够参加相关的教育法律关系。而外国人和无国籍人只能参加我国的部分教育法律关系，其范围由我国法律以及我国与其他国家签订的条约及国际公约规定。

（2）机构和组织（法人）。机构和组织包含两类：一类是国家机关，如权力机关、行政机关和司法机关等，其特点具有权利特征；另一类是社会组织，如政党、企事业单位、社会团体等。

（3）国家。国家也是教育法律关系的主体。从国际法方面讲，国家主体主要以国际法主体的名义参加国家教育活动、签署国际教育协议等；从国内法方面讲，国家主体主要通过各级权力机关、各级司法机关、各级行政机关等来行使国家的教育立法权、教育司法权和教育行政权，从而成为具体的教育法律关系主体。

2. 构成的资格：权利能力和行为能力

无论公民或组织，要成为教育法律关系主体，即作为权利享有者和义务承担者的主体，必须同时具备权利能力和行为能力。不具备行为能力的人，只能由其父母或者其他监护人代替其承担主体的资格。

（1）权利能力。权利能力是指能够参与一定的法律关系，依法享有一定权利和承担一定义务的法律资格。它是法律关系主体实际取得权利、承担义务的前提条件。包括公民的权利能力和法人的权利能力，但两者又有区别。首先，公民的权利能力始于出生，终于死亡；而法人的权利能力始于依法成立，终止于法人消灭。其次，公民的权利能力具有平等性，而法人的权利能力因其成立的宗旨和业务范围的不同而各有所别。最后，公民的权利能力和行为能力具有不一致性，而法人的权利能力和行为能力具有一致性。

（2）行为能力。行为能力是指由法律确认的，法律关系的主体能够通过自己的行为行使权利和承担义务的能力。[①] 对法人来说，权利能力和行为能力同生同灭，权利能力和行为能力自法人成立之日起同时产生。但是，对于公民来说，确立行为能力的依据是主体能理解自己行为的社会意义并能控制自己的行为。依据《中华人民共和国民法典》，结合年龄、心智发展及健康状况，将自然人分为完全民事行为能力人、限制民事行为能力人以及无民事行为能力人三种。完全民事行为能力人，是指达到一定法定年龄、智力健全、能够对自己的行为负完全责任的自然人；限制民事行为能力人，是指行为能力受到一定限制，只有部分行为能力的自然人；无民事行为能力人，是指完全不能以自己的行为行使权利、履行义务的自然人。因此，公民是否达到一定年龄、神智是否正常，就成为公民享有行为能力的标志。不具备民事行为能力的人，不能独立承担主体资格，必须由其父母或其他监护人代为承担。一般来说，公民在心智正常的情况下考虑行为能力主要结合年龄的不同进行划分，主要包括以下三类。

①完全民事行为能力人。十八周岁以上的公民，具有完全民事行为能力，可以独立进行民事活动，是完全民事行为能力人；十六周岁以上不满十八周岁的公民，以自己的劳动收入为主要生活来源的，视为完全民事行为能力人。②限制民事行为能力人。八周岁以上的未成年人为限制民事行为能力人，实施民事法律行为由其法定代理人代理或者经其法定代理人同意、追认；但是，可以独立实施纯获利益的民事法律行为或者与其年龄、智力相适应的民事法律行为。③无民事行为能力人。不满八周岁的未成年人为无民事行为能力人，由其法定代理人代理实施民事法律行为。

（二）教育法律关系的客体

教育法律关系客体是指教育法律关系主体的权利和义务所指向的事物或对象。它是将教育法律关系主体之间的权利和义务联系在一起的中介。教育领域中存在的法律纠纷，往往都是因之而起。教育法律关系的客体一般包括物质财富、非物质财富和教育行为。

（1）物质财富：学校的场地、设施、办公用房、教学实验用房、教学仪器设备以及教育资

[①] 杨颖秀. 教育法学 [M]. 4 版. 北京：中国人民大学出版社，2019：51.

金（如国家财政拨款、社会捐资等）等有形财富和其他物质财富。

（2）非物质财富：教育者或受教育者通过脑力劳动创造的智力成果，如各种独创性的教案、教法、课件、教具、专利、发明等，以及其他与人身相联系的非财产性的财富，如公民（教师、学生和其他个人主体）或组织（如教育行政机关、学校和其他组织）的姓名、肖像、名誉、身体健康、生命等。

（3）教育行为：教育法律关系主体在教学活动中的各种教学和科研活动，即主体的权利和义务所指向的作为和不作为。一定的行为可以满足权利人的利益和需要，也是教育法律关系客体的重要组成部分。在教育领域中，教育行政机关的行政行为、学校的管理行为、教育教学行为、学生学习，以及教育实践等都是教育法律关系赖以存在的最基本的行为。

（三）教育法律关系的内容

教育法律关系内容指教育法律关系主体之间的教育权利和承担的教育义务。所谓教育权利，指教育法规赋予人们享有的有关教育方面的权益，它允许人们根据自己的意志选择作为或不作为某种教育行为。教育权利对其主体来说，具有选择性。所谓教育义务，指教育法规要求人们应履行的有关教育责任，它规定人们必须作为或者不作为某种教育行为。教育义务的承担是由法律来保障实现的。当教育义务的承担者没有履行义务时，就会引起某种法律后果，进而要求其承担一定的责任。教育义务对主体来说具有不可选择性。

教育权利和教育义务之间是一种相互依存、不可分割的关系。没有无义务的权利，也没有无权利的义务。每种教育权利都必须伴有某种相应的教育义务，享有教育权利的同时，还应履行相应的教育义务。权利人所享有权利的实现依赖义务人对义务的承担；义务人如果不承担义务，权利人就不能享受到权利。另外，教育权利和教育义务还具有交叉性，某些行为既是权利也是义务。如适龄儿童接受九年制义务教育，既是其权利，又是其义务。

四、教育法律关系的发生、变更和消灭

（一）教育法律关系发生、变更和消灭的概念

教育法律关系随着时代环境的不断发展、变化而具有动态性，即教育法律关系有一个发生、变更和消灭的过程。

1. 教育法律关系的发生

教育法律关系的产生指的是教育法律关系主体之间权利义务关系的确立。比如，因委托培养合同的签订而产生的用人单位与学校以及学生之间的权利和义务关系。

2. 教育法律关系的变更

教育法律关系的变更指的是法律关系构成要素的变更，即主体、客体、内容的变更。主体

变更是指主体的增加、减少或改变。比如，学校与企业间的委托培养学生因原委托企业破产而改变委托方。

3.教育法律关系的消灭

教育法律关系的消灭指的是教育法律关系主体、客体的消灭，主体间权利义务的终止。比如，学校向某一企业借款而形成的民事法律关系（债权债务关系），学校为债务人，企业为债权人。届时学校依照合同返还了借款，则与该企业的债权债务关系归于消灭。

（二）教育法律关系发生、变更和消灭的条件

教育法律关系的形成以教育法律规范的存在为前提。但真正能够引起教育法律关系发生、变更和消灭的是符合教育法律规范所设定条件的法律事实。所谓法律事实，是依法律规定能够引起法律关系发生、变更和消灭的客观情况。根据法律事实与个人意志的关系，可分为教育法律事件和教育法律行为两种。

1.教育法律事件

教育法律事件是指不以个人意志为转移而发生的事件，它的发生会导致一定的后果。如洪水、地震等自然灾害引起校舍倒塌而导致学生伤亡。

2.教育法律行为

教育法律行为是指依据当事人的意愿而作出的可以引起法律后果的行为。行为一旦作出，就会产生事实，引起教育法律关系的发生、变更和消灭。当事人的主观意愿是引发事实的原因，这也是事实和事件的区别所在。

教育法律行为依据不同的标准，可以分为不同类型。如按其性质可分为积极行为（作为）和消极行为（不作为），如高考舞弊、挪用经费、体罚学生、聘任教师、父母送适龄子女接受义务教育等均是积极行为；而校舍失修倒塌伤人，明知可能对学生产生伤害但不采取预防或制止措施等，是消极行为或不作为。按行为是否符合法律规范的要求，可分为合法行为和违法行为。合法行为是符合法律规范规定的行为，它引起肯定性的法律后果；违法行为是不符合法律规定的行为，它引起否定性的法律后果。

第三节　教育法律责任

社会生活中如果没有责任，权利就不会受到约束，义务就得不到履行，整个社会就会陷入混乱。维持社会有序运行的责任包括政治责任、法律责任、道德责任和纪律责任。在这些责任中，法律责任是最重要的责任之一。教育法律关系主体如果不能正确地行使法律权利，规避或

疏于履行教育法律义务，就要承担相应的教育法律责任。

一、教育法律责任的概念

（一）法律责任

法律责任可以从广义和狭义两个方面理解。广义的法律责任是指法律主体依据法律规定应当履行的所有义务与责任，包括积极履行法定义务和消极承担违反义务的后果。强调法律对社会关系的全面规范，体现"有法必依"的法治原则。如赡养父母、依法纳税等。狭义的法律责任特指法律主体因违反法定义务或约定义务而必须承担的否定性法律后果，通常表现为强制性的制裁或补救措施。其核心特征是国家强制力保障实施。

（二）教育法律责任

教育法律责任是指教育法律关系主体因实施了违反教育法律法规的行为，依照有关法律、法规的规定应当承担的否定性的法律后果。也就是说，教育法律责任与教育违法行为密切相关，教育法律责任是只有在法律关系主体做出了违反教育法规的行为之后才会产生的一种法律后果。违法行为一方面指教育法律关系的主体拒绝履行教育法规规定的义务，另一方面指教育法律关系主体做出的侵犯教育法规中规定的权利人的合法权益的行为。

二、教育法律责任的类型

教育法根据违法主体的法律地位和违法行为的性质，承担的法律责任分为三种类型，即教育行政法律责任、民事法律责任和刑事法律责任。

1. 教育行政法律责任及承担方式

教育行政法律责任是指教育法律关系主体由于实施了违反教育行政法律规范，构成违法行为，在行政上应依法承担的教育法律责任。这是最主要的一种法律责任。如违反关于学校设置、招生、停办的规定，不按法定手续变更学校开办人，不按规定使用和变更学校名称，违背规定的课程标准，不能完成法定的教学工作日，未按规定招聘教师、专业人员、教学辅助人员等。除此之外，还包括侵害他人权利的侵权行为，如收取不符合规定的费用，对学生处理不当，在对学生安全、健康方面的保护失当等，都有可能追究行政法律责任。[①]

根据我国教育法规的有关规定，承担违反教育行政法律责任的方式主要有行政处分和行政处罚两种。

（1）行政处分，是由国家机关或企事业单位对其所属人员予以的惩戒措施，包括警告、记

---

① 阮成武. 小学教育政策与法规 [M].2 版. 北京：高等教育出版社，2017：109.

过、记大过、降级、撤职、留校察看、开除等。行政处分有时也称纪律处分。[①] 如教师违反职业道德或学校规章制度，学生违反校纪校规如考试作弊、破坏公物等，学校或教育行政部门可以给予行政处分。

（2）行政处罚，是国家行政机关依法对违反行政法律规范的组织和个人进行的行政制裁。行政处罚的种类有很多。如学校违规招生或挪用教育经费、教育机构提供虚假信息或违反教育法律法规，教育行政部门可以给予行政处罚。

2.教育民事法律责任及承担方式

教育民事法律责任是指教育法律关系主体违反教育法律法规，侵犯教师、学生、学校或其他教育机构的合法权益，造成人身或财产损失损害而应承担的法律后果。教育民事法律责任的重要特点之一是一种以财产、人身为主要内容的损害赔偿责任。

根据《中华人民共和国民法典》第一百七十九条，承担民事责任的方式主要有：停止侵害，排除妨碍，消除危险，返还财产，恢复原状，修理、重作、更换，继续履行，赔偿损失，支付违约金，消除影响、恢复名誉，赔礼道歉。以上方式可以单独适用，也可以合并适用。

3.教育刑事法律责任及承担方式

教育刑事法律责任是指教育法律关系主体由于实施了违反教育法的行为，同时触犯刑法所必须承担的法律后果。它是一种惩罚最为严厉的法律责任。判定承担教育刑事法律责任的依据是严重违法行为，即教育违法行为的社会危害性极大并触犯刑法构成犯罪。如《教师法》第三十五条规定："侮辱、殴打教师的，根据不同情况，分别给予行政处分或者行政处罚；造成损害的，责令赔偿损失；情节严重，构成犯罪的，依法追究刑事责任。"认定和追究刑事责任的只能是国家审判机关，即人民法院依法按照刑事诉讼程序判定行为人的行为是否触犯刑法，是否应承担刑事责任，其他任何国家机关、组织都没有这项权力。

《中华人民共和国刑法》（以下简称《刑法》）规定刑罚的种类有主刑和附加刑，主刑包括管制、拘役、有期徒刑、无期徒刑和死刑五种，附加刑包括罚金、剥夺政治权利和没收财产三种。对于犯罪的外国人，可以独立适用或者附加适用驱逐出境。《刑法》相关条款结合教育犯罪的特点，设置了"教育设施重大安全事故罪""非法使用窃听、窃照专用器材罪；考试作弊罪""组织考试作弊罪；非法出售、提供试题答案罪；代替考试罪"，分别进行相应的刑事责任的追究。

当然，教育法律责任追究的承担方式并不限于其中一种，有时可以同时追究两种甚至三种法律责任，须结合实际情况进行相应责任的承担。

① 杜德栋，任永泽.教师道德与教育法律法规 [M].北京：北京大学出版社，2025：139.

相关链接 1：

《中华人民共和国刑法》关于教育犯罪的刑事法律责任追究：

第一百三十八条【教育设施重大安全事故罪】明知校舍或者教育教学设施有危险，而不采取措施或者不及时报告，致使发生重大伤亡事故的，对直接责任人员，处三年以下有期徒刑或者拘役；后果特别严重的，处三年以上七年以下有期徒刑。

第二百八十四条【非法使用窃听、窃照专用器材罪；考试作弊罪】非法使用窃听、窃照专用器材，造成严重后果的，处二年以下有期徒刑、拘役或者管制。

第二百八十四条之一【组织考试作弊罪；非法出售、提供试题答案罪；代替考试罪】在法律规定的国家考试中，组织作弊的，处三年以下有期徒刑或者拘役，并处或者单处罚金；情节严重的，处三年以上七年以下有期徒刑，并处罚金。

为他人实施前款犯罪提供作弊器材或者其他帮助的，依照前款的规定处罚。

为实施考试作弊行为，向他人非法出售或者提供第一款规定的考试的试题、答案的，依照第一款的规定处罚。

代替他人或者让他人代替自己参加第一款规定的考试的，处拘役或者管制，并处或者单处罚金。

相关链接 2：

《中华人民共和国教育法》刑事法律责任追究（部分）：

第七十一条 违反国家有关规定，不按照预算核拨教育经费的，由同级人民政府限期核拨；情节严重的，对直接负责的主管人员和其他直接责任人员，依法给予处分。

违反国家财政制度、财务制度，挪用、克扣教育经费的，由上级机关责令限期归还被挪用、克扣的经费，并对直接负责的主管人员和其他直接责任人员，依法给予处分；构成犯罪的，依法追究刑事责任。

第七十二条 结伙斗殴、寻衅滋事，扰乱学校及其他教育机构教育教学秩序或者破坏校舍、场地及其他财产的，由公安机关给予治安管理处罚；构成犯罪的，依法追究刑事责任。

侵占学校及其他教育机构的校舍、场地及其他财产的，依法承担民事责任。

第七十三条 明知校舍或者教育教学设施有危险，而不采取措施，造成人员伤亡或者重大财产损失的，对直接负责的主管人员和其他直接责任人员，依法追究刑事责任。

第七十六条 学校或者其他教育机构违反国家有关规定招收学生的，由教育行政部门或者其他有关行政部门责令退回招收的学生，退还所收费用；对学校、其他教育机构给予警告，可以处违法所得五倍以下罚款；情节严重的，责令停止相关招生资格一年以上三年以下，直至撤销招生资格、吊销办学许可证；对直接负责的主管人员和其他直接责任人员，依法给予处分；构成犯罪的，依法追究刑事责任。

第七十七条 在招收学生工作中滥用职权、玩忽职守、徇私舞弊的，由教育行政部门或者其他有关行政部门责令退回招收的不符合入学条件的人员；对直接负责的主管人员和其他直接责任人员，依法给予处分；构成犯罪的，依法追究刑事责任。

盗用、冒用他人身份，顶替他人取得的入学资格的，由教育行政部门或者其他有关行政部门责令撤销入学资格，并责令停止参加相关国家教育考试二年以上五年以下；已经取得学位证书、学历证书或者其他学业证书的，由颁发机构撤销相关证书；已经成为公职人员的，依法给予开除处分；构成违反治安管理行为的，由公安机关依法给予治安管理处罚；构成犯罪的，依法追究刑事责任。

在具体到某一违反教育的行为时，追究法律责任的方式并不限于一种，可以同时追究两种甚至三种法律责任。如，在招生工作中徇私舞弊的，对直接负责的主管人员和其他直接责任人员，可依法给予行政处分；构成犯罪的，可依法追究刑事责任，这就同时规定了行政责任和刑事责任两种责任形式。

三、教育法律责任的归责要件

归责是指法律规范中规定的法律责任由谁来承担，即责任的归属。它要解决的是承担法律责任的承担主体问题。教育法规既然设定了法律责任，就必须解决好责任的归属问题。教育法律关系主体只有具备以下五个教育法律责任的归责要件，才被认定为教育法律责任主体，并承担相应的法律后果。

（一）行为人具有法定的责任能力

行为人是否具有法定的责任能力，重点考虑教育法律关系主体是否具备权利能力和行为能力。公民和法人要能够成为法律关系的主体，享有权利和承担义务，就必须同时具有权利能力和行为能力，即具有法律关系主体的资格。就自然人来说，只有达到法定年龄，具有理解、辨认和控制自己行为能力的人，才能成为责任承担的主体。没有达到法定年龄或不能理解、辨认和控制自己行为能力的精神疾病患者，即使其行为对社会造成了危害，也不能承担法律责任。他们的行为造成的损害，由其监护人承担相应的责任。

（二）有违法行为

有违法行为即行为人实施了违反法律、法规的行为。假若行为人的行为没有违法，他就不承担法律责任。行为违法也是构成教育法律责任的前提条件。

具体包括两个方面的含义：一方面，是指行为的违法性。只有行为违反了现行法律的规定才是违法行为。这种违法行为可以是积极的作为，如考试作弊，殴打、侮辱教师，侵占学校财产；也可以是消极不作为，如不及时维修危房、拖欠教师的工资等。另一方面，违法行为必须是一种行为。人的行为虽然受思想支配，但是如果思想不表现为行为，并不构成违法。内在的思想，只有表现为外在的行为时，才可能构成违法。社会主义法制原则不承认思想违法。

（三）行为过错

违法行为是由行为人的过错造成的。过错，是指行为人在实施行为时，具有主观上的故意或过失的心理状态。

（1）所谓故意，是指行为人明知自己的行为会发生危害社会的结果，但希望或放任这种结果的发生。例如，招生办公室主任收受贿赂后，有意招收分数低的学生，不招收分数高的学生，致使分数高的学生落榜。

（2）所谓过失，是指行为人在本应避免危害结果发生时，但由于疏忽大意或者过于自信而没有避免，以致发生危害结果。如教师对学生进行人格侮辱后，学生因不堪忍受而自杀，该教师的行为即有过失。

（四）有损害事实

即行为人有侵害教育管理、教学秩序及从事教育教学活动的公民、法人和其他组织的合法权益的客观事实存在。这是构成教育法律责任的前提条件。

违法对社会所造成的损害，有两种情况：一种是违法行为造成了实际的损害，如体罚学生致学生身体受到伤害；另一种是违法行为虽未实际造成损害，但已存在这种可能性，如有关部门明知学校房屋有倒塌的危险，却拒不拨款维修。

违法行为造成的损害后果包括物质性的后果和非物质性的后果。物质性的后果具体、有形、能够计量。如挪用学校建设经费，其数额可以计算。非物质性的后果抽象、无形、难以计量。如教师侮辱学生，造成学生精神上、心理上长期的伤害，则无法计量。

（五）违法行为与损害事实之间有因果关系

因果关系是承担法律责任的重要条件之一。即违法行为是导致损害事实发生的原因，损害事实是违法行为造成的必然结果，二者之间存在着内在的必然的联系。前者决定后者的发生，后者是前者的必然结果。作为损害直接原因的行为要承担责任，而作为间接原因的行为只有在法律有规定的情况下才承担法律责任。因此，原因对结果的发生起决定性的作用；条件只是与结果的发生有联系，但不起决定性作用。

📖**案例：**

> 某初中一年级学生甲和学生乙因贪玩上网，上学迟到半个小时。班主任王老师非常生气，对他们进行了严厉批评，并责令他们写检查，不准进教室上课。两个学生趁王老师不

注意跑到学校附近的小河洗澡，结果学生甲溺水而亡。

思考：王老师应承担什么法律责任？

分析：王老师对学生上网迟到严厉批评、并责令写检讨是合理、合法的，教师有对学生进行教育与管理的权利；但是因迟到不准学生进教室上课，王老师侵犯了学生的受教育权，属于违法行为；学生甲溺水主要原因是脱离成人看管到小河洗澡，学生是初中生属于限制行为能力人，有一定辨识能力但是还需要成人的督促。因此在该事故中，教师的违法行为与损害事实之间不是直接的因果关系。王老师的违法行为是造成学生死亡的条件，不负刑事法律责任，但学生因是上课期间离开校园，学校有看管的义务，王老师及其学校对该案件应负一定法律责任或者间接法律责任。王老师主要承担对死亡学生的民事赔偿责任，并接受由学校或者教育行政机关给予的行政处分。同时也警醒我们，教师和学校在管理过程中，需要规范管理行为，进一步规避法律风险，维护好学生的正当权益。

第四节　教育法律救济

在社会活动中，存在许多权利纠纷或权利冲突，伴随权益受到侵害的现象。当公民的合法权益受到侵害时，只有通过一定方式来恢复受损害的权利或给予补救，这些权利才能真正实现。教育在进行不断革新的过程中，当学生或者教师的权益受到侵害时，我们应该怎么做？这里就会涉及教育法律救济的概念。

一、教育法律救济的概念和特点

教育法律救济是指教育法律关系主体的合法权益受到侵犯并造成损害时，获得恢复和补救的法律制度。[1] 教育法律救济的特征如下。

（1）权利受到侵害是教育法律救济存在的前提，如果权利未受损，就无所谓救济。在法律救济中，必须有侵权行为的存在，相对人只有在合法权益受到侵害的基础上才可提出救济的请求。

（2）教育法律救济具有补偿性，是对受损权利的补偿。包括司法救济的方式、行政救济方式、组织内部或民间渠道进行救济的方式。

（3）教育法律救济的根本目的是实现合法权益并保证法定义务的履行。教育法律救济作为一项重要的法律制度，对于保护教育法律关系主体的合法权益，促进依法行政，推动我国社会主义教育法治建设等方面具有重要的意义。

---

[1] 苏艳霞. 教育政策与法规 [M]. 北京：北京师范大学出版社，2016：94.

二、教育法律救济的途径

教育法律救济的途径是指相对人认为其合法权益受到损害时，请求救济的渠道和方式。一般来讲包括：诉讼渠道，即司法救济渠道；行政渠道，即行政救济渠道；其他渠道，主要是机构内部或民间渠道。后两种渠道相对于诉讼渠道来说，又通称"非诉讼渠道"。

1. 诉讼渠道

诉讼是解决纠纷最有权威和最有效的途径。诉讼途径又称司法救济途径，是指国家专门机关依照法定程序处理案件的司法救济活动，包括民事诉讼、行政诉讼和刑事诉讼。如《教育法》第七十二条规定："结伙斗殴、寻衅滋事，扰乱学校及其他教育机构教育教学秩序或者破坏校舍、场地及其他财产的，由公安机关给予治安管理处罚；构成犯罪的，依法追究刑事责任。""侵占学校及其他教育机构的校舍、场地及其他财产的，依法承担民事责任。"

2. 行政渠道

行政途径是指公民、法人或其他组织认为具体行政行为侵害其合法权益，请求主管机关依法纠正行政违法或行政不当行为，追究其行政责任，以保护行政相对人的合法权益的法律救济途径。行政救济的方式主要包括行政申诉制度、行政复议制度和行政赔偿制度三种，由国家行政机关裁决纠纷。

1）教育行政申诉

教育行政申诉是指各级各类学校的教师和学生对学校、其他教育机构或政府有关部门作出的影响其利益的处理决定不服，或者在其合法权益遭受侵害时，依法行使申诉权，向法定的国家机关声明不服、申诉理由、请求复查或重新处理的一项法律制度。[①]

根据教育行政申诉的类别，可分为诉讼上的教育行政申诉和非诉讼上的教育行政申诉。诉讼上的教育行政申诉，指教育法律关系当事人对已经发生法律效力的判决、裁定不服，向人民法院或人民检察院提请重新处理的申诉。非诉讼上的申诉制度是指不以发生法律效力的判决、裁定为必要前提，当事人或其他公民对处分、处罚等不服，依法向司法机关以外的机构提出要求改正的申诉。非诉讼上的教育行政申诉的范围较为广泛，既可以是向纪律委员会的申诉、政府检查部门的申诉，又可以是向权力机关的申诉，还可以是向作出具体行政行为的行政机关的上一级行政机关或其设置的专门机构的申诉。[②]

结合案例理解"诉讼上的教育行政申诉"和"非诉讼上的教育行政申诉"。

① 许映建，陈玉祥.教师职业道德与教育法规教程 [M].南京：南京大学出版社，2021：139.
② 杜德栎，任永泽.教师道德与教育法规 [M].北京：北京大学出版社，2016：138.

📖**案例 1：**

张老师因涉嫌在课堂上发表不当言论，被学生家长举报。经调查核实，某市教育局认为张老师的行为严重违反了教师职业道德规范，撤销了其教师资格证。

申诉过程： 张老师不服撤销决定，认为自己的言论是在课堂讨论中发表的，并无恶意。于是，张老师向某市人民法院提起行政诉讼，请求撤销教育局的撤销决定。经过审理，法院认为张老师的行为确实违反了教师职业道德规范，但市教育局在作出撤销决定前未履行听证程序，程序违法。最终，法院判决撤销了市教育局的撤销决定，并责令其在一定期限内重新作出决定。该案中，张老师对市教育局的具体行政行为（撤销教师资格证）不服，通过行政诉讼途径维护了自己的合法权益。

📖**案例 2：**

李老师是一名认真负责的教师，在学校的优秀教师评选活动中未能入选。他了解到评选过程存在不公平现象，于是向学校的上级教育行政部门提出申诉。

申诉过程： 李老师提交了详细的申诉材料，包括自己的教学成果、评选过程中的不公平现象等。教育行政部门接到申诉后，进行了调查核实，发现确实存在评选标准不明确、执行不公正的情况。最终，教育行政部门责令学校重新进行评选，并制定了更加透明、公正的评选标准。该案中，李老师通过非诉讼途径（直接向教育行政部门提出申诉）维护了自己的合法权益，最终取得了满意的结果。

2）教育行政复议

教育行政复议是指教育行政管理相对人认为教育行政机关作出的具体行政行为侵犯其合法权益，依法向作出该行为的上一级教育行政机关或原处理机关提出申诉，受理行政机关对该具体行政行为进行复查并作出裁决的活动和制度。教育行政复议的主体除教师和学生外，还可以是学校。行政复议机关应当自受理申请之日起六十日内作出行政复议决定。

3）教育行政赔偿

教育行政赔偿是指教育行政机关及其工作人员在执行职务过程中，侵犯了公民、法人或其他组织的合法权益并造成损害，依照法律规定，由国家承担损害赔偿责任的制度。

3. 其他渠道

其他渠道是指在法律关系中除诉讼和行政两种渠道外的，依靠社会力量处理纠纷，进而恢复或补偿利益受损者的合法权益的途径，主要包括调解制度和仲裁制度。调解是指通过调解机构或调解人的介入，帮助教育法律关系主体之间解决纠纷，以达成双方都能接受的解决方案。一般适用于解决教育领域内因误解、沟通不畅等原因产生的轻微纠纷，这些纠纷通常不涉及复杂的法律关系和事实认定。仲裁是指教育法律关系主体之间发生纠纷时，根据双方当事人的协议，将争议提交给仲裁机构进行裁决，并接受该裁决结果的约束。一般适用于解决学校与教师、学生之间因教育服务、合同纠纷等产生的争议，这些争议往往涉及较为复杂的法律关系和事实认定。随着教育领域的不断发展和法律制度的不断完善，未来我国有可能会设立专门的教育仲裁机构以更有效地解决教育纠纷。

三、教育申诉制度

教育领域中的师生群体，特别是学生群体，由于其特定身份和所处地位，当合法权益受到侵害时往往缺乏勇气提出申诉，我们可以通过合法渠道维护自身合法权益。《教育法》和《教师法》都规定了教师和学生享有申诉权。教师申诉制度和学生申诉制度都属于非诉讼的申诉制度。

（一）学生申诉制度

1. 概念

学生申诉制度是指学生在其合法权益受到损害时，依法向有关部门提出申诉，请求处理的制度。《教育法》第四十三条提到受教育者享有下列权利："对学校给予的处分不服向有关部门提出申诉，对学校、教师侵犯其人身权、财产权等合法权益，提出申诉或者依法提起诉讼。"教育部印发的《全面推进依法治校实施纲要》明确规定："完善学生申诉机制。学校应当建立相对独立的学生申诉处理机构，其人员组成、受理及处理规则，应当符合正当程序原则的要求，并允许学生聘请代理人参加申诉。学校处理教师、学生申诉或纠纷，应当建立并积极运用听证方式，保证处理程序的公开、公正。"

2. 申诉范围

（1）对学校给予处分不服的，包括学籍管理、考试、校规等方面。

（2）对学校或教师侵犯其人身权的，如学校因管理不当侵犯其名誉权的行为。

（3）对学校或教师侵犯其财产权的，如学校违反规定乱收费的行为。

（4）对学校或教师侵犯其知识产权的，如学校或教师侵犯其著作权、发明权和科技成果权等。

3. 申诉程序

1）学生申诉的提出

学生提出申诉可以采用口头形式或书面形式。以口头形式申诉需要讲明申诉人和被申诉人的自然状况，申诉的理由和事件发生的基本事实经过，最后提出申诉要求。书面形式需要写明以下几点：①申诉人，包括申诉人的姓名、年龄、性别、住址等基本信息以及与被申诉人的关系等。由于学生法律地位的特殊性，这里的申诉人既包括合法权益受到损害的学生，也包括监护人，监护人可依据法律规定产生。②被申诉人，包括被申诉人的名称、地址、法定代表人的姓名、性别以及职务等。这里所指的被申诉人包括学校或其他教育机构，以及学校的教师和其他工作人员。③申诉要求，包括申诉人对被申诉人因侵犯其合法权益不服处理决定或对某个具体行为的实施，要求受理机关重新处理或撤销决定的具体要求。④申诉理由和事实经过，包括申诉人要写明被申诉人侵害其合法权益的处理或行为决定的事实经过和法律政策依据，并陈述相关理由。

2）学生申诉的受理

主管机关在接到学生的口头或书面申诉后，依具体情况，经审查后作出不同的处理：对属于自己主管的，予以受理，对不属于自己主管的，告知学生不能受理；对虽属本部门主管，但不符合申诉条件的，告知学生不能申诉；对未说明申诉理由和要求的，可要求其再次说明或重新提交申诉书。主管机关对于口头申诉应在当时或规定时间内作出是否受理的答复；对于书面申诉则应在规定时间内给予是否受理的正式通知。各主管部门或学校都应对申诉的受理时间限制作出明确的规定，一般为5—30天。

3）学生申诉的处理 [1]

主管机关对申诉进行受理后，要对事件进行调查核实，根据不同情况作出不同处理。具体情况包括：①如果学校、教师或其他教育机构的行为或处分决定符合法定权限或程序，适用法律规定正确，事实清楚，可以维持原来的处分决定和结果。②如果处分决定违反相关的法律法规规定，侵害申诉人合法权益，可以撤销原处分决定或责令被申诉人限期改正。③具体处分决定或具体行为决定的一部分适用法律、法规或规章错误，或事实不清的，可责令退回原机关重新处理或部分撤销原决定。④处分决定所依据的规章制度或校规校纪与法律、法规及其他规范性文件相抵触时，可撤销原处理决定。⑤如果是对侵犯人身权、财产权等进行的申诉，学生对申诉处理结果不服的，可依法向法院提起诉讼。

（二）教师申诉制度

1. 概念

教师申诉制度是指教师对学校或其他教育机构依据政府有关部门的处理不服，或其合法权益受到损害时，依法向主管的行政机关提出申诉理由，请求处理或重新处理的制度。在宪法赋予公民享有申诉权利的基础上，教师申诉制度为教师这一特定专业人员享有申诉权利提供了必要的法律保障。《教师法》第三十九条提到："教师对学校或者其他教育机构侵犯其合法权益的，或者对学校或者其他教育机构作出的处理不服的，可以向教育行政部门提出申诉，教育行

---

① 杨颖秀. 教育法学 [M]. 4 版. 北京：中国人民大学出版社，2019：103.

政部门应当在接到申诉的三十日内，作出处理。教师认为当地人民政府有关行政部门侵犯其根据本法规定享有的权利的，可以向同级人民政府或者上一级人民政府有关部门提出申诉，同级人民政府或者上一级人民政府有关部门应当作出处理。"

2. 申诉范围

（1）教师认为学校或其他教育机构侵犯《教师法》规定的合法权益的，可以提出申诉。

（2）教师对学校或其他教育机构作出的处理决定不服，可以提出申诉。无论是否侵害了教师的合法权益，只要教师对处理不服，就可以提出申诉。

（3）教师认为政府有关部门侵犯了《教师法》规定的合法权益时，可以提出申诉。被申诉人仅限于政府的有关行政部门，如教育行政部门等，不能以人民政府作为被申诉对象。

3. 申诉程序

1）教师申诉的提出

教师应当以书面形式向主管部门提出申诉。申诉书应载明的内容有：①申诉人，包括申诉人的姓名、年龄、性别、住址等基本情况。②被申诉人，包括被申诉人（指教师所在的学校或其他教育机构以及当地人民政府的有关行政部门）的名称、地址、法定代表人的姓名、性别以及职务等基本情况。这里所指的被申诉人包括学校或其他教育机构，以及学校的教师和其他工作人员。③申诉要求，主要写明申诉人对被申诉人因侵犯其合法权益或不服对申诉人的处理决定而要求受理机关进行处理的具体要求。④申诉理由，主要写明被申诉人侵害其合法权益或不服被申诉人处理决定的事实依据，针对被申诉人的侵权行为或处理决定的错误，提出纠正的法律、政策依据，并陈述理由。⑤附项，写明并附交有关的物证、书证或复印件等。

2）教师申诉的受理

对教师提出的申诉，主管教育行政部门应在收到申诉书的次日起30天内进行受理，受理分为三种情况：①符合申诉条件的，予以受理；②不符合申诉条件的，可以答复申诉人不予受理；③申诉书未说清申诉理由和要求的，要求其重新提交申诉书。

3）教师申诉的处理①

申诉机关对于受理的申诉案件，在进行调查研究、全面核实的基础上，应区别不同情况，在规定期限内作出如下处理：①学校或其他教育机构、人民政府有关部门的管理行为符合法定权限和程序，适用法律法规正确、事实清楚，维持原处理结果。②学校或其他教育机构、人民政府有关部门的管理行为违反相关法律、法规规定，侵害了申诉人的合法权益，可撤销原处理决定或责令被申诉人限期改正。③学校或其他教育机构、人民政府有关部门的管理行为部分适用法律、法规或规章错误或事实不清的，可责令退回原机关重新处理或部分撤销原处理决定。

---

①侯耀先.教师职业道德与教育法律法规[M].长沙：中南大学出版社，2022：246.

④学校或其他教育机构、人民政府有关部门的管理行为所依据的内部规章制度与法律、法规及其他规范性文件相抵触的，可撤销该内部管理的规定或责令被申诉人修改其内部管理规定，并撤销原处理决定。

一、课后思考

1.什么是教育法律关系？教育法律关系包括哪几个方面？

2.结合对教育法律关系主体构成的资格的认识，谈谈其对未来教师管理学生有何启发。

3.运用教育法律责任的归责要件，分析材料中刘老师需要承担法律责任吗？

在六年级作文点评课上，刘老师选择了李春林同学的作文《没妈的孩子像根草》，因为这篇文章描写得真挚感人，于是把这篇文章当作范文，点名表扬了学生李春林。没想到这名同学在回家的路上觉得老师在全班同学面前读了他的作文，自尊心受到深深的伤害，选择了离家出走。幸运的是，孩子找回来了。

4.为什么要设立教育法律救济制度？"没有救济就没有权利"，结合实际，谈谈对这句话的认识。

二、教师资格考试真题练习

1.【单选题】下面哪个不是教育单行法律（　　　）。

A.《中华人民共和国教育法》 　　　　B.《中华人民共和国义务教育法》

C.《中华人民共和国教师法》 　　　　D.《中华人民共和国职业教育法》

2.【单选题】与其他法律相比，教育法律后果有其特殊性，不属于其特殊性的是（　　　）。

A.注重保护受教育者的权利 　　　　B.注重教师的特殊职业权利

C.注重维护学校的正当权益 　　　　D.注重保护教育行政机构的权利

3.【单选题】党和国家为完成一定历史时期的教育发展目标和任务，依照党和国家在一定历史时期的基本任务、基本方针所确定的关于教育工作的策略、方针和行动准则是（　　　）。

A.教育政策 　　　B.教育法规 　　　C.教育规章 　　　D.教育方针

4.【单选题】对有体罚行为的老师，学校对其进行了教育行政处分，这属于（　　　）。

A.教育法律关系 　　B.教育法律行为 　　C.教育法律事件 　　D.教育法律规范

5.【单选题】教育法律关系中两个最重要的主体是（　　　）。

A.教育领导和教师 　　　　　　　　B.教育部门和下属学校

C.教育机构和非教育机构 　　　　　D.教师和学生

6.【单选题】教育行政法律关系的基本特征是（ ）。

A.平等性 　　　　B.隶属性 　　　　C.双边性 　　　　D.有偿性

7.【单选题】在教育法律关系中，学生是教育法律关系的（ ）。

A.主体 　　　　B.被监护人 　　　　C.公民 　　　　D.未成年人

8.【单选题】下列选项中，不属于法律关系要素的是（ ）。

A.形式 　　　　B.主体 　　　　C.客体 　　　　D.内容

9.【单选题】惩罚最为严厉的法律责任是（ ）。

A.违宪责任 　　　　B.行政法律责任 　　　　C.刑事法律责任 　　　　D.民事法律责任

10.【单选题】颁布《中华人民共和国教育法》的国家机关是（ ）。

A.全国人民代表大会常务委员会 　　　　B.国务院

C.全国人民代表大会 　　　　D.教育部

11.【单选题】《中华人民共和国义务教育法》属于（ ）。

A.教育行政法规 　　B.教育基本法 　　C.教育单行法律 　　D.教育规章

12.【单选题】下列关于教育政策的说法不正确的是（ ）。

A.《国家中长期教育改革和发展规划纲要（2010—2020年）》是改革开放以后，党制定的教育政策

B.根据政策的内容与层次不同，可分为总政策、基本政策和具体政策

C.教育政策与教育法规都决定于上层建筑，具有共同的目的

D.教育政策与教育法规的制定主体相同

13.【单选题】我国的"教育宪法"又称"教育母法"的法律是（ ）。

A.《中华人民共和国宪法》 　　　　B.《中华人民共和国教育法》

C.《中华人民共和国义务教育法》 　　　　D.《中华人民共和国教师法》

第二章　国家——依法治教

学习目标：

1. 理解依法治教的内涵、意义、主体、内容及其应具备的条件，了解国家的权利和义务，我国的教育经费投入体制、我国教育行政机关及教育行政行为。

2. 依据事实理解国家依法治教中的权利和义务，以及教育法律责任承担的具体方式。

3. 自觉形成依法治教的法律意识，维护教育法律的权威。

问题情景：

义务教育作为国家教育体系的基础，对提升国民素质、促进社会公平和推动国家发展具有重要意义。2023 年，全国共有各级各类学校 49.83 万所，学历教育在校生 2.91 亿人，专任教师 1 891.78 万人。全国共有义务教育阶段学校 19.58 万所，义务教育阶段在校生 1.6 亿人，专任教师 1 073.94 万人，九年义务教育巩固率 95.7%。[①] 在基础教育方面，在全国 2 895 个县域完全实现义务教育基本均衡。学生资助覆盖全学段，累计达到 14 亿人次。营养改善计划惠及 4.2 亿人次。[②]

问题：国家在整个教育事业发展过程中应该履行哪些义务？享有哪些权利？如何处理好两者之间的关系，进而全面促进优质均衡高质量的教育事业发展？

第一节　国家的权利和义务

在教育领域中，国家担负着管理者和服务者双重角色，努力办好人民满意的教育。一方面，作为管理者，国家通过制定教育政策、法律法规对教育体系进行宏观规划与调控，确保教育资源的合理配置和教育质量的持续提升；另一方面，作为服务者，国家以满足公民的教育需

[①] 中华人民共和国教育部新闻发布会（媒体报道）. 介绍 2023 年全国教育事业发展基本情况［EB/OL］.［2024—03—20］. http://www.moe.gov.cn.

[②] 央广网. 全国 2895 个县域完全实现义务教育基本均衡［EB/OL］.［2024—09—26］. https://baijiahao.baidu.com.

求为核心，致力于提供公平、优质的教育服务，保障每个个体的受教育权利，并通过财政投入、政策支持等方式，推动教育公平。这种双重角色体现了国家在教育领域的公共职能与社会责任，既强调了对教育体系的规范与监督，也突出了对公民教育权益的保障与促进。国家在教育领域中既是管理者，也是服务者；既拥有制定政策、调配资源的权利，也承担着保障教育公平、提升教育质量的义务。这些权利和义务共同构成了国家教育体系的基础，确保每一个孩子都能享有公平而有质量的教育。《宪法》第四十六条规定："中华人民共和国公民有受教育的权利和义务。国家培养青年、少年、儿童在品德、智力、体质等方面全面发展。"《教育法》第九条规定："中华人民共和国公民有受教育的权利和义务。公民不分民族、种族、性别、职业、财产状况、宗教信仰等，依法享有平等的受教育机会。"国家在教育事业发展过程中都承担了哪些权利、责任和义务，我们结合本章来了解国家的职责。

一、国家及其行政机关的教育权利

（一）确立国家发展教育的指导思想和原则

国家在教育领域的角色不仅体现在对教育资源的管理和服务上，更深层次地反映在其确立的教育指导思想和原则中。这些思想和原则是国家制定教育政策、履行教育职责的根本依据，也是实现教育现代化和建设教育强国的重要保障。

1. 指导思想

《教育法》第三条规定："国家坚持中国共产党的领导，坚持以马克思列宁主义、毛泽东思想、邓小平理论、'三个代表'重要思想、科学发展观、习近平新时代中国特色社会主义思想为指导，遵循宪法确定的基本原则，发展社会主义的教育事业。"

《教育法》第四条规定："教育是社会主义现代化建设的基础，对提高人民综合素质、促进人的全面发展、增强中华民族创新创造活力、实现中华民族伟大复兴具有决定性意义，国家保障教育事业优先发展。全社会应当关心和支持教育事业的发展。全社会应当尊重教师。"

2. 教育的基本原则

根据《教育法》的规定，教育应遵循的基本原则如下。

1）坚持教育社会主义方向的原则

《教育法》第五条规定："教育必须为社会主义现代化建设服务、为人民服务，必须与生产劳动和社会实践相结合，培养德智体美劳全面发展的社会主义建设者和接班人。"它规定了我国新时期思想道德教育工作的总体目标和基本内容。

2）重视思想道德建设的原则

《教育法》第六条规定："教育应当坚持立德树人，对受教育者加强社会主义核心价值观教育，增强受教育者的社会责任感、创新精神和实践能力。国家在受教育者中进行爱国主义、集体主义、中国特色社会主义的教育，进行理想、道德、纪律、法治、国防和民族团结的教育。"

3）受教育机会平等的原则

《教育法》第九条规定："中华人民共和国公民有受教育的权利和义务。公民不分民族、种族、性别、职业、财产状况、宗教信仰等，依法享有平等的受教育机会。"第十一条第二款规定："国家采取措施促进教育公平，推动教育均衡发展。"这些规定确立了公民受教育机会平等的原则。

受教育机会平等原则的基本含义是，国家给每个公民不受任何限制的均等的学习机会。具体而言有以下两层意义。一方面，公民享有不可剥夺的平等的受教育权利。公民的受教育权是《宪法》确认的。受教育既是每个公民的法定权利，也是每个公民应当履行的义务。另一方面，义务教育阶段公民的就学机会、教育条件和教育结果应当平等。[①] 也有学者概括为受教育起点上的机会平等、受教育过程上的机会平等和受教育结果上的机会平等三个层面。首先，受教育起点上的机会平等是指每个公民在入学机会上享有平等的权利。其次，受教育过程上的机会平等是指公民在接受教育的过程中，有获得教育条件、教育待遇等方面的平等权利。再次，受教育结果上的机会平等是指公民在接受教育后，有获得学校和社会公正评价的平等权利。这种平等主要体现为学业成绩和品行评价上的平等、进一步求学机会上的平等。[②]

4）教育公共性原则

教育的公共性是现代教育的重要特征之一。《教育法》第八条规定："教育活动必须符合国家和社会公共利益。"我国是社会主义国家，教育的公共性原则具有自身的特色，主要表现在以下几个方面：第一，在我国境内举办学校与其他教育机构应当坚持公益性，不得以营利为目的举办学校及其他教育机构。第二，教育必须面向全体公民，对国家、人民和社会公共利益负责。第三，教育活动应当依法接受国家、社会的监督，任何人从事教育活动，必须遵守宪法和法律，不得违背和损害国家利益、人民的利益和社会公共利益，否则，将会受到法律的制裁。第四，《教育法》第八条第二款规定："国家实行教育与宗教相分离。任何组织和个人不得利用宗教进行妨碍国家教育制度的活动。"即在国民教育和公共教育中，不允许宗教团体和个人办学进行宗教教育，也不允许利用宗教进行妨碍国家教育制度的活动。

5）扶持特殊地区和人群教育的原则

《教育法》第十条规定："国家根据各少数民族的特点和需要，帮助各少数民族地区发展教育事业。国家扶持边远贫困地区发展教育事业。国家扶持和发展残疾人教育事业。"为了促进我国教育的公平公正，促进教育事业的整体发展，国家必须对民族地区特殊人群给予扶持和帮助。

① 阮成武.小学教育政策与法规 [M]. 北京：高等教育出版社，2017：155.
② 杜德栎，任永泽.教师道德与教育法律法规 [M]. 北京：北京大学出版社，2025：154.

6）继承优秀文化成果的原则

《教育法》第七条规定："教育应当继承和弘扬中华优秀传统文化、革命文化、社会主义先进文化，吸收人类文明发展的一切优秀成果。"我国的优秀传统文化、革命文化、社会主义先进文化是中华民族的凝聚力所在，需要继承和发扬，并融入建设实践，这也是中国经济和社会发展的重要支撑。

7）通用语言文字的原则

《教育法》第十二条规定："国家通用语言文字为学校及其他教育机构的基本教育教学语言文字，学校及其他教育机构应当使用国家通用语言文字进行教育教学。民族自治地方以少数民族学生为主的学校及其他教育机构，从实际出发，使用国家通用语言文字和本民族或者当地民族通用的语言文字实施双语教育。国家采取措施，为少数民族学生为主的学校及其他教育机构实施双语教育提供条件和支持。"这一规定既有利于沟通和交流，也有利于社会进步与经济发展，同时是我国团结统一的象征。

（二）制定教育方针和任务

教育方针和任务是国家行使教育权利、履行教育义务的核心体现，它们为教育事业的发展指明了方向，也为学校和教师的具体工作提供了根本遵循。《教育法》第五条规定："教育必须为社会主义现代化建设服务、为人民服务，必须与生产劳动和社会实践相结合，培养德智体美劳全面发展的社会主义建设者和接班人。"《教育法》第六条规定："教育应当坚持立德树人，对受教育者加强社会主义核心价值观教育，增强受教育者的社会责任感、创新精神和实践能力。国家在受教育者中进行爱国主义、集体主义、中国特色社会主义的教育，进行理想、道德、纪律、法治、国防和民族团结的教育。"

（三）制定教育法规和规章

根据《宪法》和《中华人民共和国立法法》的规定，国务院有权根据宪法和法律，规定行政措施，制定行政法规，发布决定和命令。省、自治区、直辖市和设区的市、自治州的人民政府，可以根据法律、行政法规和本省、自治区、直辖市的地方性法规，制定规章。

（四）确定教育管理体制

《教育法》第十四条规定："国务院和地方各级人民政府根据分级管理、分工负责的原则，领导和管理教育工作。中等及中等以下教育在国务院领导下，由地方人民政府管理。高等教育由国务院和省、自治区、直辖市人民政府管理。"

（五）确定教育基本制度

根据《教育法》的规定，我国目前实行学校教育制度、义务教育制度、职业教育制度、继续教育制度、国家教育考试制度、学业证书制度、学位制度、扫除文盲教育制度、教育督导制度和教育评估制度。

（六）制定教育发展规划

国家通过制定教育发展规划，对全国教育工作进行统筹规划，合理布局，有利于社会主义教育事业健康、有序地发展。《宪法》第十九条规定："国家发展社会主义的教育事业，提高全国人民的科学文化水平。国家举办各种学校，普及初等义务教育，发展中等教育、职业教育和高等教育，并且发展学前教育。国家发展各种教育设施，扫除文盲，对工人、农民、国家工作人员和其他劳动者进行政治、文化、科学、技术、业务的教育，鼓励自学成才。国家鼓励集体经济组织、国家企业事业组织和其他社会力量依照法律规定举办各种教育事业。"《教育法》第二十六条规定："国家制定教育发展规划，并举办学校及其他教育机构。"《义务教育法》第十五条规定："县级以上地方人民政府根据本行政区域内居住的适龄儿童、少年的数量和分布状况等因素，按照国家有关规定，制定、调整学校设置规划。新建居民区需要设置学校的，应当与居民区的建设同步进行。"

（七）建立教育经费投入体制

建立教育经费投入体制既是国家的权利也是国家的义务。《教育法》第五十四条第一款规定："国家建立以财政拨款为主、其他多种渠道筹措教育经费为辅的体制，逐步增加对教育的投入，保证国家举办的学校教育经费的稳定来源。"同时，各级人民政府对企业事业组织、社会团体及其他社会组织和个人依法举办的学校及其他教育机构，可给予适当支持。

（八）举办学校及其他教育机构

《教育法》第二十六条规定："国家制定教育发展规划，并举办学校及其他教育机构。国家鼓励企业事业组织、社会团体、其他社会组织及公民个人依法举办学校及其他教育机构。国家举办学校及其他教育机构，应当坚持勤俭节约的原则。以财政性经费、捐赠资产举办或者参与举办的学校及其他教育机构不得设立为营利性组织。"这既规定了我国的办学主体来自国家和社会两个方面，也规定了我国的办学原则。

（九）依法审核和批准学校及其他教育机构

设立学校及其他教育机构不仅要具备法律规定的条件，也要经过法律程序。《教育法》第二十八条规定："学校及其他教育机构的设立、变更和终止，应当按照国家有关规定办理审核、批准、注册或者备案手续。"对于机构的管理，我国实行登记注册和审批制度。如幼儿园的管理实行登记注册制度，而对于各级各类正规学校和独立设置的职业培训机构实行审批制度。

（十）主管教师工作

提高教师队伍整体素质是提高教育质量、办好人民满意的教育的重要保障。《教师法》第五条规定："国务院教育行政部门主管全国的教师工作。国务院有关部门在各自职权范围内负责有关的教师工作。"第十条规定："国家实行教师资格制度。中国公民凡遵守宪法和法律，热爱教育事业，具有良好的思想品德，具备本法规定的学历或者经国家教师资格考试合格，有教育教学能力，经认定合格的，可以取得教师资格。"第三十五条规定："国家实行教师资格、职务、聘任制度，通过考核、奖励、培养和培训，提高教师素质，加强教师队伍建设。"国家对教师队伍建设、资格制度、评聘、奖励、培养等方面作出整体规定。

二、国家及其行政机关的教育义务

（一）保障学校权益，促进学校发展

（1）保障学校及其他教育机构的合法权益不受侵犯。《教育法》第二十九条第二款规定："国家保护学校及其他教育机构的合法权益不受侵犯。"《义务教育法》第二十三条规定："各级人民政府及其有关部门依法维护学校周边秩序，保护学生、教师、学校的合法权益，为学校提供安全保障。"《义务教育法》第十五条规定："县级以上地方人民政府根据本行政区域内居住的适龄儿童、少年的数量和分布状况等因素，按照国家有关规定，制定、调整学校设置规划。新建居民区需要设置学校的，应当与居民区的建设同步进行。"

（2）把学校的基本建设纳入城乡建设规划。学校是城乡发展的基础设施，城乡建设应当包括学校建设计划，根据城乡发展的具体情况和适龄学生的数量和分布状况设计学校规模和数量，解决学生入学问题。《义务教育法》第六十四条规定："地方各级人民政府及其有关行政部门必须把学校的基本建设纳入城乡建设规划，统筹安排学校的基本建设用地及所需物资，按照国家有关规定实行优先、优惠政策。"

（3）采取优惠措施鼓励和扶持学校发展。《教育法》第五十九条规定："国家采取优惠措施，鼓励和扶持学校在不影响正常教育教学的前提下开展勤工俭学和社会服务，兴办校办产业。"第六十五条规定："各级人民政府对教科书及教学用图书资料的出版发行，对教学仪器、设备的生产和供应，对用于学校教育教学和科学研究的图书资料、教学仪器、设备的进口，按照国家有关规定实行优先、优惠政策。"

（二）保障教师权益，做好教师教育工作

国家保护教师的合法权益，改善教师的工作条件和生活条件，提高教师的社会地位，保障教师完成教育教学任务，奖励取得优异成绩的教师，做好教师教育培养和培训工作，及时处理教师申诉等。教师的相关权益，在第五章会详细介绍。

相关链接：

《中华人民共和国教师法》第六章　待遇

第二十五条　教师的平均工资水平应当不低于或者高于国家公务员的平均工资水平，

并逐步提高。建立正常晋级增薪制度，具体办法由国务院规定。

第二十六条 中小学教师和职业学校教师享受教龄津贴和其他津贴，具体办法由国务院教育行政部门会同有关部门制定。

第二十七条 地方各级人民政府对教师以及具有中专以上学历的毕业生到民族地区和边远贫困地区从事教育教学工作的，应当予以补贴。

第二十八条 地方各级人民政府和国务院有关部门，对城市教师住房的建设、租赁、出售实行优先、优惠。

县、乡两级人民政府应当为农村中小学教师解决住房提供方便。

第二十九条 教师的医疗同当地国家公务员享受同等的待遇；定期对教师进行身体健康检查，并因地制宜安排教师进行休养。

医疗机构应当对当地教师的医疗提供方便。

第三十条 教师退休或者退职后，享受国家规定的退休或者退职待遇。

县级以上地方人民政府可以适当提高长期从事教育教学工作的中小学退休教师的退休金比例。

第三十一条 各级人民政府应当采取措施，改善国家补助、集体支付工资的中小学教师的待遇，逐步做到在工资收入上与国家支付工资的教师同工同酬，具体办法由地方各级人民政府根据本地区的实际情况规定。

第三十二条 社会力量所办学校的教师的待遇，由举办者自行确定并予以保障。

（三）保障学生权益，为学生的健康成长创造条件

为适龄学生提供符合办学标准的教育设施，为特殊群体（包括家庭经济困难的学生群体、少数民族群体、身心有残疾的学生群体）接受教育创造条件，为学生的身心健康成长创造良好的社会环境。《义务教育法》第十五条、第十六条、第十七条分别规定："县级以上地方人民政府根据本行政区域内居住的适龄儿童、少年的数量和分布状况等因素，按照国家有关规定，制定、调整学校设置规划。新建居民区需要设置学校的，应当与居民区的建设同步进行。""学校建设，应当符合国家规定的办学标准，适应教育教学需要；应当符合国家规定的选址要求和建设标准，确保学生和教职工安全。""县级人民政府根据需要设置寄宿制学校，保障居住分散的适龄儿童、少年入学接受义务教育。"同时，学生对侵犯其合法权益的行为有依法进行申诉的权利，有关部门应当对学生的申诉及时处理。学生的相关权益在第三章会详细介绍。

（四）保障教育经费投入，监督管理教育投资效益

教育投入是支撑国家长远发展的基础性、战略性投资，是教育事业的物质基础，是公共财政的重要职能。国家确立了以财政拨款为主、其他多种渠道筹措教育经费为辅的体制，但体制的运行还需要国家强有力的保障机制。在教育经费的投入上，国家采取"两个提高""三个增

长"的保障机制，扶持贫困地区和少数地区的义务教育。教育经费在依法保障投入的情况下还要提高其适用效益。《教育法》第七章"教育投入与条件保障"的第五十四条至第六十六条，对我国教育投入和条件保障作了详细规定。

📖 相关链接：

《中华人民共和国教育法》第七章　教育投入与条件保障

第五十四条　国家建立以财政拨款为主、其他多种渠道筹措教育经费为辅的体制，逐步增加对教育的投入，保证国家举办的学校教育经费的稳定来源。

企业事业组织、社会团体及其他社会组织和个人依法举办的学校及其他教育机构，办学经费由举办者负责筹措，各级人民政府可以给予适当支持。

第五十五条　国家财政性教育经费支出占国民生产总值的比例应当随着国民经济的发展和财政收入的增长逐步提高。具体比例和实施步骤由国务院规定。

全国各级财政支出总额中教育经费所占比例应当随着国民经济的发展逐步提高。

第五十六条　各级人民政府的教育经费支出，按照事权和财权相统一的原则，在财政预算中单独列项。

各级人民政府教育财政拨款的增长应当高于财政经常性收入的增长，并使按在校学生人数平均的教育费用逐步增长，保证教师工资和学生人均公用经费逐步增长。

第五十七条　国务院及县级以上地方各级人民政府应当设立教育专项资金，重点扶持边远贫困地区、少数民族地区实施义务教育。

第五十八条　税务机关依法足额征收教育费附加，由教育行政部门统筹管理，主要用于实施义务教育。

省、自治区、直辖市人民政府根据国务院的有关规定，可以决定开征用于教育的地方附加费，专款专用。

第五十九条　国家采取优惠措施，鼓励和扶持学校在不影响正常教育教学的前提下开展勤工俭学和社会服务，兴办校办产业。

第六十条　国家鼓励境内、境外社会组织和个人捐资助学。

第六十一条　国家财政性教育经费、社会组织和个人对教育的捐赠，必须用于教育，不得挪用、克扣。

第六十二条　国家鼓励运用金融、信贷手段，支持教育事业的发展。

第六十三条　各级人民政府及其教育行政部门应当加强对学校及其他教育机构教育经费的监督管理，提高教育投资效益。

第六十四条　地方各级人民政府及其有关行政部门必须把学校的基本建设纳入城乡建设规划，统筹安排学校的基本建设用地及所需物资，按照国家有关规定实行优先、优惠政策。

第六十五条　各级人民政府对教科书及教学用图书资料的出版发行，对教学仪器、设备的生产和供应，对用于学校教育教学和科学研究的图书资料、教学仪器、设备的进口，按照国家有关规定实行优先、优惠政策。

第六十六条　国家推进教育信息化，加快教育信息基础设施建设，利用信息技术促进优质教育资源普及共享，提高教育教学水平和教育管理水平。

县级以上人民政府及其有关部门应当发展教育信息技术和其他现代化教学方式，有关行政部门应当优先安排，给予扶持。

国家鼓励学校及其他教育机构推广运用现代化教学方式。

（五）引咎辞职

《义务教育法》第一次将"引咎辞职"写入法律，体现了国家保障义务教育的态度和决心。其中第九条第二款明确规定："发生违反本法的重大事件，妨碍义务教育实施，造成重大社会影响的，负有领导责任的人民政府或者人民政府教育行政部门负责人应当引咎辞职。"实施义务教育是政府的职责，教育行政部门具体负责义务教育实施工作。

（六）法律法规规定的其他义务

除上述义务外，还包括其他现行法律、法规要求国家及其行政机关履行的教育义务，也包括未来制定的法律、法规要求国家及其行政机关履行的教育义务。

第二节　教育行政管理

一、教育行政机关

（一）教育行政机关的职责

教育行政机关是国务院和地方各级人民政府担负教育行政管理职能的专门机关，是国家行政机关中专门从事教育行政管理的行政机关。按照其权限与管辖范围，可分为国家教育行政机关和地方教育行政机关。国家教育行政机关即现在的中华人民共和国教育部，地方教育行政机关即各省、自治区、直辖市教育厅（教育委员会）、各地级市教育局、各县（市、区）教育局。《教育法》第十五条规定："国务院教育行政部门主管全国教育工作，统筹规划、协调管理全国的教育事业。县级以上地方各级人民政府教育行政部门主管本行政区域内的教育工作。县级以上各级人民政府其他有关部门在各自的职责范围内，负责有关的教育工作。"

　　教育行政机关是依法成立的，代表国家行使教育行政管理职能的行政机关。学校、其他组织和个人在教育管理中处于被管理的地位。我国教育行政机关按照法律确定的"分级管理、分工负责"原则，领导和管理教育工作。

　　教育行政机关作为教育法律关系最重要的主体，可以多种身份参加教育法律关系。具体如下。

　　（1）以管理者身份同相对一方当事人发生直接的权利、义务关系，主要以命令和服从的关系形式表现。《教育法》第七十五条规定："违反国家有关规定，举办学校或者其他教育机构的，由教育行政部门或者其他有关行政部门予以撤销；有违法所得的，没收违法所得；对直接负责的主管人员和其他直接责任人员，依法给予处分。"

　　（2）以授权者的身份同相对一方当事人发生授权与被授权的法律关系。《中华人民共和国义务教育法实施细则》（以下简称《义务教育法实施细则》）第二十一条规定："实施义务教育的学校应当选用经国务院教育主管部门审定或者其授权的省级教育主管部门审定的教科书。"省级教育主管部门可以接受教育部授权审定本省使用的义务教育教材。

　　（3）以责任承担者的身份，接受上级部门或社会的问责。如《教育法》第八十一条规定："举办国家教育考试，教育行政部门、教育考试机构疏于管理，造成考场秩序混乱、作弊情况严重的，对直接负责的主管人员和其他直接责任人员，依法给予处分；构成犯罪的，依法追究刑事责任。"

（二）教育行政机关的权力

　　教育行政机关的权力是公共权力，具有国家强制性。权力不同于权利，它本身是一种强制他人服从的力量，而权利是对他人没有任何强制力的。我国教育行政机关主要拥有教育行政立法权、决定权、强制权、处罚权、执行权和监督权等。

1. 教育行政立法权

　　教育行政立法权主要指教育部根据《宪法》和其他法律拥有的制定和发布教育行政法规与教育规章的权力。如经国务院批准，国家教育委员会发布《义务教育法实施细则》。

2. 教育行政决定权

　　教育行政决定权即教育行政机关依法对教育行政管理中的具体事件的处理权，以及教育法律、教育行政法规和教育规章未明确规定的事项的规定权。教育行政决定权的内容很广，主要涉及特定当事人能否取得某项权利或应否承担某项义务，能否取得某种资格以及教育机构人员的任免、处分等。

3. 教育行政强制权

　　教育行政强制权即在教育行政管理中，法定义务人或某项具体行政法律关系的义务人不履行义务时，教育行政机关有权采取一些法定的强制措施，以促使法定义务的履行。《义务教育法实施细则》第十三条规定："父母或者其他监护人不送其适龄子女或者其他被监护人入学的，以及其在校接受义务教育的适龄子女或者其他被监护人辍学的，在城市由市或者市辖区人民政府及其教育主管部门，在农村由乡级人民政府，采取措施，使其送子女或者其他被监护人就学。"

4. 教育行政处罚权

教育行政处罚权是教育行政机关的重要执法职能。教育行政处罚是指特定的国家行政机关对违反教育法律规范的公民、法人或其他组织给予的制裁处理。需要强调两点：一是被处罚者违反了教育法规，但尚未构成犯罪；二是教育行政处罚权是由特定行政机关实施的，主要是教育行政管理机关。

5. 教育行政执行权

教育行政执行权即教育行政机关或其工作人员根据有关法律规定或者上级决定、命令具体执行的行为。这是教育行政机关及其工作人员具体行使教育法律法规的行为，法律保障教育行政机关独立行使教育行政执行权。

6. 教育行政监督权

教育行政监督权是指上级教育行政机关对下级教育行政机关的教育行政执法活动进行检查和监督。如根据教育部《依法治教实施纲要（2016—2020年）》的精神，各级教育部门要依法进一步明确职能权限与责任，制定并公布权力清单、责任清单。切实按照法定职责必须为、法无授权不可为的原则，依法清理、精简行政权力，重点梳理在行政许可、行政处罚、学校管理等方面的职责。

二、教育行政行为

教育行政行为是教育行政主体在实施行政管理活动、行使行政职权过程中所作出的具有法律意义的行为。这种行为只能由教育行政主体作出。教育行政行为种类繁多，在此，我们以其管理对象是否特定为标准，将其划分为抽象教育行政行为和具体教育行政行为。

（一）抽象教育行政行为

抽象教育行政行为是指国家教育行政机关针对不特定的人或事制定具有普遍约束力的规范性教育文件的行为，如制定教育行政法规和教育行政规章的行为。抽象教育行政行为相对于具体教育行政行为而存在，其核心特征就在于行为对象的不特定性，即不确定某一类人或某一类事项，并且该行为具有反复适用的效力。

（二）具体教育行政行为

具体教育行政行为是指在教育行政管理过程中，行政主体针对特定的人或事，采取具体行政措施的行为，其行为的内容和结果将直接影响某一个人或组织的权益。具体行政行为一般包括行政许可与确认行为、行政奖励行为、行政征收行为、行政处罚行为、行政强制行为、行政监督行为、行政裁决行为等。

在日常的教育行政工作中，比较常见的具体教育行政行为有如下几种。

1. 通知

通知是教育行政机关依职权将已存在的教育法律事实或教育法律关系及可能采取的措施通知相对人，使之知悉的教育行政行为。应注意，作为具体教育行政行为的"通知"和作为规范性教育文件的"通知"，是两种不同的教育行政行为。前者针对特定的人或事，属具体教育行政行为；后者针对的是不特定的人或事，具有普遍性，是抽象教育行政行为。

2. 批准（拒绝）

批准是教育行政机关应相对人的申请，根据教育法的有关规定，同意相对人实施某种行为或赋予相对人实施某种行为能力的教育行政行为。前者如依相对人的申请，批准筹建或举办各级各类学校，批准建校招生等；后者如依相对人的申请，批准授予教育系统的专业技术职务等。与批准相对应的是拒绝，它是教育行政机关对相对人申请事项不同意的意思表示。批准与拒绝是教育行政机关对实施相对人一定行为的控制和管理的有效方式，在日常工作中大量存在。

3. 许可

许可是教育行政机关应相对人的申请依法赋予其从事某种活动的法律资格或实施某种行为的法律权利的行政行为。

以许可的目的为标准，许可分为行为许可和资格许可。行为许可是禁止的解除，即教育行政机关依法许可特定的相对人实施法律禁止一般人实施的行为，如教学仪器设备的生产许可、教材的发行等；资格许可是指教育行政机关应申请人的申请，经过一定的考核程序后，给合格者发证明文书，允许其享有某种资格或具备某种能力的许可，如教育行政部门应申请人的申请，经认定合格后，颁发相应的教师资格证书，申请人便具备了从事教师职业的资格，拥有了从事教育教学工作的基本条件。

4. 注册

注册是教育行政机关应相对人的申请，登记相对人的某种情况或事实，并根据教育法规予以承认的教育行政行为。《教育法》第二十八条规定："学校及其他教育机构的设立、变更和终止，应当按照国家有关规定办理审核、批准、注册或者备案手续。"

注册也叫登记，但并不是人们所误解的那种履行简单的登记手续，它是一种羁束的行政行为，应严格依法进行。对相对人来说，注册既是一种权利，又是一种义务。相对人具备某种情况或事实，符合法定条件，有权申请注册，教育行政机关不得拒绝。相对人取得教育行政机关的注册，其注册的行为或事实获得注册机关的认可或证明，具有了行政法上的意义。相对人认为教育行政机关违法拒绝注册申请或逾期不予答复，有权提起行政复议或行政诉讼。

5. 免除

免除是教育行政机关应相对人的申请依法免除相对人教育法是义务的教育行政行为。教育行政机关只有在相对人提出免除申请，并且经审查确认相对人具有教育法上规定的免除义务的某种特定条件后，才可以依照法定程序作出免除决定。如《义务教育法》实施以来，适龄儿童、少年必须履行接受义务教育的义务，但该法及《义务教育法实施细则》规定了因疾病或特殊情况的适龄儿童、少年可以免除这种义务。

6. 发放

发放是教育行政机关为相对人拨付退休金、补助金和各种津贴的教育行政行为。如教育行政机关拨付民办教师补助费、中小学班主任津贴、学生的助学金和奖学金、普通高等学校的学生贷款等，都属于教育行政机关采取的"发放"行为。发放通常是教育行政机关应相对人的申请而采取的行政措施，相对人通过教育行政机关的发放行为取得退休金、各种津贴或补助，是其依法享有的一种权利。对这种权利，相对人可以享有，也可以放弃，但教育行政机关不得任意剥夺相对人的这种权利。

第三节　教育行政机关的法律责任

一、教育行政机关承担法律责任的方式

教育行政机关不依法作出行政行为，应承担一定的法律责任。教育行政机关承担法律责任的具体方式主要包括行政处分与行政处罚。如果行为人在行政法律关系中涉及对他人人身权与财产权的侵害，则还要承担赔偿责任及其他附带的民事责任。行政责任承担的具体方式主要有：通报批评，赔礼道歉、承认错误，恢复名誉、消除影响，返还权益，恢复原状，停止侵害，履行义务，撤销违法的行政行为，纠正不当的行政行为，行政赔偿。从以上可以看出，行政主体承担行政责任的方式主要是补偿性的。

二、教育行政机关的常见法律责任

国家及其行政机关作为教育法律关系主体，一方面有权根据教育法律规定对违法主体追究法律责任；另一方面如果未依法履行义务，导致不利后果，也应根据教育法的规定承担相应的法律责任。以下结合《教育法》和《义务教育法》列举几种常见的法律责任。

（一）与举办学校相关的法律责任

义务教育设立重点校或变相改变公办学校性质的，应承担法律责任。根据《义务教育法》的相关规定，县级以上人民政府或者其教育行政部门有将学校分为重点学校和非重点学校的，或者改变或者变相改变公办学校性质的，由上级人民政府或者其教育行政部门责令限期改正、通报批评；情节严重的，对直接负责的主管人员和其他直接责任人员依法给予行政处分。

（二）与学校建设相关的法律责任

1. 学校设置及选址不当应承担的法律责任

根据《义务教育法》的相关规定，县级以上地方人民政府未按照国家有关规定制定、调整学校的设置规划的；学校建设不符合国家规定的办学标准、选址要求和建设标准的，由上级人民政府责令限期改正；情节严重的，对直接负责的主管人员和其他直接责任人员依法给予行政处分。

2. 学校安全管理不当应承担的法律责任

《教育法》第七十三条规定："明知校舍或者教育教学设施有危险，而不采取措施，造成人员伤亡或者重大财产损失的，对直接负责的主管人员和其他直接责任人员，依法追究刑事责任。"《义务教育法》第五十二条规定："县级以上地方人民政府未定期对学校校舍安全进行检查，并及时维修、改造的，由上级人民政府责令限期改正；情节严重的，对直接负责的主管人员和其他直接责任人员依法给予行政处分。"

（三）与经费管理相关的法律责任

1. 不履行经费管理职责应承担的法律责任

《教育法》第七十一条规定："违反国家有关规定，不按照预算核拨教育经费的，由同级人民政府限期核拨；情节严重的，对直接负责的主管人员和其他直接责任人员，依法给予处分。违反国家财政制度、财务制度，挪用、克扣教育经费的，由上级机关责令限期归还被挪用、克扣的经费，并对直接负责的主管人员和其他直接责任人员，依法给予处分；构成犯罪的，依法追究刑事责任。"

　　根据《义务教育法》的规定，国务院有关部门和地方各级人民政府违反《义务教育法》第六章的规定，未履行对义务教育经费保障职责的，由国务院或者上级地方人民政府责令限期改正；情节严重的，对直接负责的主管人员和其他直接责任人员依法给予行政处分。

　　对侵占、挪用义务教育经费的，由上级人民政府或者上级人民政府教育行政部门、财政部门、价格行政部门和审计机关根据职责分工责令限期改正；情节严重的，对直接负责的主管人员和其他直接责任人员依法给予处分。县级以上地方人民政府未依照《义务教育法》的规定均衡安排义务教育经费的，由上级人民政府责令限期改正；情节严重的，对直接负责的主管人员和其他直接责任人员依法给予行政处分。

相关链接：

《中华人民共和国义务教育法》第六章　经费保障

　　第四十二条　国家将义务教育全面纳入财政保障范围，义务教育经费由国务院和地方各级人民政府依照本法规定予以保障。

　　国务院和地方各级人民政府将义务教育经费纳入财政预算，按照教职工编制标准、工资标准和学校建设标准、学生人均公用经费标准等，及时足额拨付义务教育经费，确保学校的正常运转和校舍安全，确保教职工工资按照规定发放。

　　国务院和地方各级人民政府用于实施义务教育财政拨款的增长比例应当高于财政经常性收入的增长比例，保证按照在校学生人数平均的义务教育费用逐步增长，保证教职工工资和学生人均公用经费逐步增长。

　　第四十三条　学校的学生人均公用经费基本标准由国务院财政部门会同教育行政部门制定，并根据经济和社会发展状况适时调整。制定、调整学生人均公用经费基本标准，应当满足教育教学基本需要。

　　省、自治区、直辖市人民政府可以根据本行政区域的实际情况，制定不低于国家标准的学校学生人均公用经费标准。

　　特殊教育学校（班）学生人均公用经费标准应当高于普通学校学生人均公用经费标准。

　　第四十四条　义务教育经费投入实行国务院和地方各级人民政府根据职责共同负担，省、自治区、直辖市人民政府负责统筹落实的体制。农村义务教育所需经费，由各级人民政府根据国务院的规定分项目、按比例分担。

　　各级人民政府对家庭经济困难的适龄儿童、少年免费提供教科书并补助寄宿生生活费。

　　义务教育经费保障的具体办法由国务院规定。

　　第四十五条　地方各级人民政府在财政预算中将义务教育经费单列。

　　县级人民政府编制预算，除向农村地区学校和薄弱学校倾斜外，应当均衡安排义务教育经费。

　　第四十六条　国务院和省、自治区、直辖市人民政府规范财政转移支付制度，加大一般性转移支付规模和规范义务教育专项转移支付，支持和引导地方各级人民政府增加对义务教育的投入。地方各级人民政府确保将上级人民政府的义务教育转移支付资金按照规定用于义务教育。

第四十七条 国务院和县级以上地方人民政府根据实际需要，设立专项资金，扶持农村地区、民族地区实施义务教育。

第四十八条 国家鼓励社会组织和个人向义务教育捐赠，鼓励按照国家有关基金会管理的规定设立义务教育基金。

第四十九条 义务教育经费严格按照预算规定用于义务教育；任何组织和个人不得侵占、挪用义务教育经费，不得向学校非法收取或者摊派费用。

第五十条 县级以上人民政府建立健全义务教育经费的审计监督和统计公告制度。

2. 向学校违法收费应承担的法律责任

《教育法》第七十四条规定："违反国家有关规定，向学校或者其他教育机构收取费用的，由政府责令退还所收费用；对直接负责的主管人员和其他直接责任人员，依法给予处分。"

《义务教育法》第五十四条规定，向学校非法收取或者摊派费用的，由上级人民政府或者上级人民政府教育行政部门、财政部门、价格行政部门和审计机关根据职责分工责令限期改正；情节严重的，对直接负责的主管人员和其他直接责任人员依法给予处分。

3. 参与或变相参与教科书编写及有违法所得应承担的法律责任

国家机关工作人员和教科书审查人员，不得参与或者变相参与教科书的编写工作。《义务教育法》第五十六条第三款规定："国家机关工作人员和教科书审查人员参与或者变相参与教科书编写的，由县级以上人民政府或者其教育行政部门根据职责权限责令限期改正，依法给予行政处分；有违法所得的，没收违法所得。"

（四）与入学和考试有关的法律责任

1. 未采取措施保障适龄儿童、少年入学应承担的法律责任

《义务教育法》第五十三条规定，县级人民政府教育行政部门或者乡镇人民政府未采取措施组织适龄儿童、少年入学或者防止辍学的，由上级人民政府或者其教育行政部门责令限期改正、通报批评；情节严重的，对直接负责的主管人员和其他直接责任人员依法给予行政处分。

2. 与考试管理相关的法律责任

《教育法》第八十一条规定："举办国家教育考试，教育行政部门、教育考试机构疏于管理，造成考场秩序混乱、作弊情况严重的，对直接负责的主管人员和其他直接责任人员，依法给予处分；构成犯罪的，依法追究刑事责任。"

（五）与教师权益保障相关的法律责任

1.对教师打击报复应承担的法律责任

《教师法》第三十六条规定："对依法提出申诉、控告、检举的教师进行打击报复的，由其所在单位或者上级机关责令改正；情节严重的，可以根据具体情况给予行政处分。国家工作人员对教师打击报复构成犯罪的，依照刑法有关规定追究刑事责任。"

2.拖欠教师工资应承担的法律责任

《教师法》第三十八条规定："地方人民政府对违反本法规定，拖欠教师工资或者侵犯教师其他合法权益的，应当责令其限期改正。违反国家财政制度、财务制度，挪用国家财政用于教育的经费，严重妨碍教育教学工作，拖欠教师工资，损害教师合法权益的，由上级机关责令限期归还被挪用的经费，并对直接责任人员给予行政处分；情节严重，构成犯罪的，依法追究刑事责任。"

除上述法律责任外，国家及其行政机关如有其他违反教育法律法规的行为，也应依法承担相应的法律责任。

三、教育行政机关的赔偿

教育行政机关赔偿是指教育行政机关及其工作人员在教育行政管理过程中，违法行使职权，侵犯公民、法人或其他组织的合法权益并造成损害，依照《中华人民共和国国家赔偿法》的相关规定由国家给予的赔偿。教育行政赔偿责任的主要特征如下。

（1）教育行政机关及其工作人员是侵权主体，这是教育行政赔偿的前提。

（2）侵权损害发生在执行职务过程中，职务行为是构成教育行政赔偿的基础。

（3）侵权行为源于教育行政机关及其工作人员的违法行政。

（4）教育行政赔偿主体是国家，即教育行政侵权行为由国家向受害者承担责任，但这并不等于可以不对违法执行职务的工作人员进行纪律责任的追究，须体现国家赔偿与个人追责相结合的原则。教育行政机关工作人员的职务行为是受教育行政机关委托并以行政机关的名义作出的，其行为视作教育行政机关的行为。

（5）教育行政赔偿是一种法律责任。这种责任通常由相关法律规定，如由《中华人民共和国国家赔偿法》或其他法律法规规定的侵权责任规范。这种责任的承担形式通常具有法律上惩戒的意义，如经济赔偿等。这种责任的承担是法律上的救济，即补救、恢复受害者的合法权益。

📖**案例：**

　　某市教育局在组织教师职称评定时，因工作人员未严格按照法定程序操作，导致一名教师因材料审核错误未能获得应有的职称。该教师提起行政诉讼，要求市教育局赔偿其经济损失和精神损害。

按照以上特征进行分析：

（1）本案中侵权主体是市教育局及其工作人员。工作人员在职称评定过程中未按规定程序操作，导致教师权益受损。

（2）案例中工作人员在职称评定过程中未按规定审核材料，属于违法执行职务行为。其行为直接导致教师未能获得职称，侵害了教师的合法权益。

（3）案例中工作人员未按规定程序审核材料，违反了《中华人民共和国教师法》和职称评定的相关规定，属于违法行政。

（4）案例中赔偿责任由国家承担，因为工作人员的行为是以市教育局的名义作出的。但同时，相关工作人员也应被追究纪律责任。市教育局代表国家承担赔偿责任后，可以对相关工作人员进行纪律处分。

（5）案例中市教育局的违法行为违反了《中华人民共和国国家赔偿法》和《中华人民共和国教师法》的相关规定，法院判决市教育局赔偿教师的经济损失和精神损害，旨在恢复其合法权益。

一、课后思考

1. 国家及其行政机关的教育权利有哪些？教育义务又有哪些？
2. 教育行政机关承担法律责任的具体方式有哪些？
3. 教育行政机关的常见法律责任有哪些？
4. 了解自己所在地的义务教育发展现状，试着分析教育行政机关的相应权利和义务落实情况。

二、教师资格考试真题练习

1.【单选题】国家财政性教育经费支出占国民生产总值的比例应当随国民经济的发展和财政收入的增长（   ）。

A. 优先提高　　　　B. 快速提高　　　　C. 同步提高　　　　D. 逐步提高

2.【单选题】《中华人民共和国教育法》指出：国家财政性教育经费支出占国民生产总值的比例应当随着国民经济发展和财政收入的增长逐步提高。具体比例和实施步骤由地方政府决定。（   ）。

A. 正确　　　　B. 错误

3.【单选题】根据《中华人民共和国教育法》，国家财政性教育经费支出占国民生产总值的比例应当随着（   ）和财政收入的增长逐步提高。

  A. 国民经济的发展   B. 人民生活水平的提高

  C. 教育需求的增长   D. 国民受教育水平的提高

4.【单选题】国务院和地方各级人民政府领导和管理教育的原则是（ ）。

  A. 分级管理，分工负责   B. 统一管理，分工负责

  C. 统筹规划，以县为主   D. 统筹规划，协调管理

5.【单选题】在我国教育法律关系中，国家作为有权举办学校及其他教育机构的主体主要是指（ ）。

  A. 国家立法机关   B. 国家司法机关   C. 各级政府   D. 各级党政机关

6.【单选题】小雨7岁了，父母不送他去上学，而是联合了几位志趣相投的朋友，在自己家对孩子进行教育，对此，下列正确的是（ ）。

  A. 小雨的父母应报当地人民政府审核批准

  B. 小雨的父母应到当地教育行政部门备案

  C. 教育行政部门应依法督促小雨父母改正

  D. 教育行政部门应依法对小雨的父母予以处分

7.【单选题】在义务教育阶段，对违反学校管理制度的学生，学校应当（ ）。

  A. 直接开除   B. 对其进行批评教育，不得开除

  C. 通知家长   D. 对其进行惩罚

8.【单选题】对未完成义务教育的未成年犯和被采取强制性教育措施的未成年人应当进行义务教育，所需经费由（ ）予以保障。

  A. 人民政府   B. 未成年人的法定监护人

  C. 教育部门   D. 学校

9.【单选题】下列不属于义务教育的特征的是（ ）。

  A. 强制性   B. 免费性   C. 普遍性   D. 基础性

10.【单选题】根据《中华人民共和国教育法》，税务机关依法定额征收教育费附加，由教育行政部门统筹管理，主要用于实施（ ）。

  A. 高等教育   B. 职业教育   C. 学前教育   D. 义务教育

11.【单选题】某新建居民区需设置一所学校，依据《中华人民共和国义务教育法》，关于该学校的建设，下列说法正确的是（ ）。

  A. 应在该居民区建成前交付使用   B. 可在该居民区建成后调整规划

  C. 应与该居民区的建设同步进行   D. 可根据该居民区入住情况取消设置

12.【单选题】某县某年度依法征收教育费附加共计1 057万元，根据《中华人民共和国教育法》的规定，这笔经费应主要用于（ ）。

  A. 普及学前教育   B. 发展基础教育   C. 提升高等教育   D. 实施义务教育

13.【单选题】某机关违反国家规定向学校收取费用。依据《中华人民共和国教育法》，

由政府责令该机关退还所收费用，并对直接负责的主管人员和直接责任人员（　　　）。

　　A.依法给予处罚　　　B.依法提起诉讼　　　C.依法给予处分　　　D.依法提出复议

　　14.【单选题】某偏远山区，交通不便，儿童居住较为分散，为保障当地适龄儿童接受义务教育，根据《中华人民共和国义务教育法》的规定，县级人民政府可以采取的措施是（　　　）。

　　A.设置走读学校　　　B.设置寄宿制学校　　　C.设置家庭学校　　　D.设置半日制学校

　　15.【多选题】《中华人民共和国义务教育法》规定县级以上地方人民政府有下列行为之一的，可由上级人民政府责令限期改正；情节严重的，对直接负责的主管人员和其他直接责任人员依法给予行政处分（　　　）。

　　A.未按照国家有关规定制定、调整学校的设置规划的

　　B.学校建设不符合国家规定的办学标准、选址要求和建设标准的

　　C.未定期对学校校舍安全进行检查，并及时维修、改造的

　　D.未依照本法规定均衡安排义务教育经费的

第三章 学生——权益保护

学习目标：

1. 明确学生的法律地位，理解并掌握学生的权利和义务。

2. 理解教育教学活动中的学生权利保护等实际问题，防范学生管理中的法律风险。

3. 贯彻学生保护的法规要求，履行作为教育工作者的职责和使命。

问题情景：

"等待着下课，等待着放学，等待游戏的童年。"这是《童年》中的歌词，相信也是不少学生的心声。可现在即使等来了下课，也可能等不来游戏，只能被"圈养"在教室里。原本应该充满活力的课间 10 分钟，现在却大有"静悄悄"之势，且这并非个案而是较为普遍存在的问题。七成学生课间不出教室；即使是 20 分钟的大课间，校园里也空荡荡的。对此，学生表示也很无奈："课间休息 10 分钟，拖堂 2 分钟，提前上课 2 分钟，上厕所不跑都来不及"，"老师说了课间不能下楼，也不能跑跑跳跳，甚至还不能大声说话。"学校里还有教师巡查，看谁下课了在走廊上奔跑。

问题：请结合学生的相关权益进行评议，我们把学生安全放在第一位的同时，还应注意保护哪些权益？

第一节 学生的法律地位

学生是教育法律关系中的重要主体。学生的受教育活动是学校教育教学的中心，没有学生，学校、教育机构、教师及相关的行政机关就失去了其存在的价值。所以，学生的法律地位问题及其所享有的权利和义务是教育法律领域的重要研究对象。

与法律对公民权利的规定相比，法律对学生权利的规定要晚得多。对学生权利的思考是在历史上逐渐产生的，它是从有关儿童的思考中孕育出来的，而对有关儿童的思考也是随着人权理念的影响而逐渐成熟起来的。在现代教育中，学生是否被真正看作"发展中的人"、"独特的人"以及"具有独立意义的人"，而在教育法学视角中，我们需要在现代学生观的指导下进一步审视学生的权利和义务。

一、学生的法律地位的概念

从法律意义上说，学生是指在各级各类学校及其他教育机构中登记注册，并有其学业档案的受教育者。学生的法律地位是指学生以其权利能力和行为能力在具体法律关系中取得的一种主体资格，它通过学生的法律身份及学生在不同法律关系中享有的权利和应履行的义务来表现。

二、学生权利与保护

国际法确立学生权利与保护。1989 年 11 月 20 日联合国大会通过的《儿童权利公约》的核心精神，就是确立了青少年儿童的社会权利主体地位。截至 2025 年 2 月，该公约的缔约方为 196 个。该公约旨在为世界各国儿童创建良好的成长环境。这一精神的基本原则是，儿童利益最佳原则、尊重儿童尊严原则、尊重儿童观点与意见原则和无歧视原则。

国内法律法规确立学生权利与保护。依据《宪法》《教育法》《义务教育法》《未成年人保护法》等法律政策的相关规定，学生在教育活动中既享有法律赋予的权利，也要履行法律规定的义务。

三、学生法律主体地位的确立

《宪法》层面的中小学生是公民。《宪法》第三十三条第一款规定："凡具有中华人民共和国国籍的人都是中华人民共和国公民。"据此，任何具有中国国籍的"学生"必然都具有一个共同的法律身份——公民。根据《宪法》第三十三条第二款和第四款之规定，每一个学生在法律面前一律平等，均平等地享有宪法和法律规定的权利，同时也必须履行《宪法》和法律规定的义务。总体而言，《宪法》第二章"公民的基本权利和义务"共二十四个条文，对学生而言，均有相应的适用空间。

《教育法》层面的中小学生是受教育者。《宪法》第四十六条第一款以及《教育法》第九条第一款均明确规定："中华人民共和国公民有受教育的权利和义务。"《义务教育法》第四条和《中华人民共和国高等教育法》第九条第一款则分别规定了公民依法接受义务教育和高等教育的权利。此外，《教育法》第五章还专门以"受教育者"为题，用九个法律条文系统规定了受教育者所享有的权利与义务。总体来看，一方面，以上规范反映出学生所享有的"受教育者"的主体地位；另一方面，法律规范的表述也凸显了"受教育者"与"受教育权"相互统一、不可分割的特性。换言之，对"受教育者"法律地位的理解，必然以对"受教育权"的阐释展开。

　　《教育法》层面的中小学生是未成年人。对未满十八周岁的学生而言，"未成年人"也是他们所享有的一种特殊法律地位，并且，该地位已为《中华人民共和国未成年人保护法》《中华人民共和国预防未成年人犯罪法》等法律法规所明确认可。据此，未成年学生便兼具公民、受教育者、未成年人的三重法律地位，可称"三位一体"。对中小学生的全面表述是，中小学生是在国家法律认可的各级各类中等、初等学校或教育机构中接受教育的有学籍的未成年公民。法律地位是由双方主体在法律关系中所享有的权利和履行的义务表现出来的。

第二节　学生的权利

　　在教育法律关系中，学生区别于其他教育主体，享有特定的权利，履行特定的义务。

一、学生权利的概念

　　没有学生，也就没有学校。学校的主体工作是直接或间接地为培养学生成人成才服务。学生的权利是由国家法律赋予的权益，是国家对学生在教育活动中可以为或者不可以为一定行为的许可与保障。

二、学生的公民权利

　　学生的权利是法定的，可以分为两部分：一是指国家宪法和法律授予所有公民的权利，《宪法》第二章"公民的基本权利和义务"，第三十三条至第五十一条规定了公民的各种权利。二是指教育法律、法规授予尚处于学生阶段的公民的权利，包括平等权、民主权、宗教信仰权、人身权（人格权、身份权）、社会经济权，文化教育权、著作权、科技发明权、知识产权，以及特殊主体权（妇女、儿童、老人和残疾人等）等。

三、学生的特定权利

　　学生作为社会关系中一个特殊的群体，除享有一般公民意义上的权利和义务外，还因其年龄、身份等方面的因素，享有与此对应的特殊的权利和应履行的相应义务。《教育法》第四十三条明确规定学生的基本权利如下。

（一）参加教育教学权

　　学生享有"参加教育教学计划安排的各种活动，使用教育教学设施、设备、图书资料"的权利，这是学生的基本权利。

　　这项权利主要包括两个方面：一是参加教育教学活动权，二是使用教育教学设施权。教育教学计划应该对本机构的学生公开，学生有权按照教学计划的安排，参加本年级本班教师的授课活动、围绕着课堂教学所安排的课外活动等，有权使用教室和课桌椅、实验实训室、查询和借阅图书资料等。

❧ 相关链接：

受教育权的内涵

1. 概念

受教育权是指依照法律规定，公民在受教育方面可以作为或不作为，或要求他人为其受教育权而作为或不作为的能力或资格。受教育权受国家强制力的保证。受教育权是我国宪法规定的公民的基本权利之一，也是学生作为受教育者的最重要、最核心的权利。

2. 法律依据

（1）《中华人民共和国宪法》

第四十六条　中华人民共和国公民有受教育的权利和义务。

（2）《中华人民共和国教育法》

第九条　公民不分民族、种族、性别、职业、财产状况、宗教信仰等，依法享有平等的受教育机会。

第三十七条　受教育者在入学、升学、就业等方面依法享有平等权利。学校和有关行政部门应当按照国家有关规定，保证女子在入学、升学、就业、授予学位、派出留学等方面享有同男子平等的受教育权利。

第四十三条　受教育者享有下列权利：

（一）参加教育教学计划安排的各种活动，使用教育教学设施、设备、图书资料；

（二）按照国家有关规定获得奖学金、贷学金、助学金；

（三）在学业成绩和品行上获得公正评价，完成规定的学业后获得相应的学业证书、学位证书；

（四）对学校给予的处分不服向有关部门提出申诉，对学校、教师侵犯其人身权、财产权等合法权益，提出申诉或者依法提起诉讼；

（五）法律、法规规定的其他权利。

（3）《中华人民共和国义务教育法》

第二条　国家实行九年义务教育制度。

第四条　凡具有中华人民共和国国籍的适龄儿童、少年，不分性别、民族、种族、家庭财产状况、宗教信仰等，依法享有平等接受义务教育的权利，并履行接受义务教育的义务。

（4）《中华人民共和国未成年人保护法》

第十八条　学校应尊重未成年人的受教育权，不得随意开除未成年学生。

3.受教育权的具体内容

（1）受教育选择权

受教育选择权是指个体在接受教育的过程中，拥有根据自身意愿、兴趣和需要，在法律允许的范围内选择适合自己的教育形式、教育内容、教育机构等的基本权利。这一权利体现了教育民主化和个性化的趋势，尊重了个体的差异性和多样性。通过法律保障、教育资源支持、教育信息公开和个体能力提升等措施，我们可以更好地实现受教育选择权，促进个体和社会的全面发展。

（2）入学权

入学权又称就学权，是指学生只要符合国家规定和学校依法确定的招生条件，不分民族、种族、性别、职业、财产状况、宗教信仰等，享有平等的入学接受教育的权利。在升学方面，每一个符合规定条件的学生都有权利，也有机会通过公平、客观、合理的考试竞争升入高一级的学校或其他教育机构继续接受教育。

（3）享受教育资源权

享受教育资源权是指学生享有参加教育教学的权利和使用教学设施设备的权利。此项权利是保障学生参加学习、接受教育、享有实质性受教育权的前提和基础，是学生受教育权的具体体现。教育资源包括学校或其他教育机构的教学安排、教学设施、设备和图书资料，这些资源正是为保障学生接受教育的必要条件。主要强调两个方面，一是参加教育教学活动权。具体表现：在课堂上听课和参加其他课堂教学活动的权利；参加班级或学校组织的课外活动和各项社会实践活动的权利；按规定参加体育活动的权利；参加教学计划安排的考试的权利等。二是使用教育教学设施、设备、图书资料权。学校应当按照规定向学生提供符合卫生安全标准的教育教学设施、设备、图书资料，每位学生都享有使用的权利。

（4）受教育的心灵自由权

受教育的心灵自由权强调学生在受教育中人格的独立、自主和自尊，强调的是个体在教育过程中精神层面的自主性和创造性，强调尊重个体差异与多样性。它是现代教育中的一个至关重要的概念，学生只有在心灵自由中才能成为人，而人的理性精神只有在自由中才能生成和发展。如：学生在学校应享有免于恐惧的权利；免受歧视的权利；免于过度控制的权利。此项权利也是现代教育中最容易忽视的方面，如果现代教育能够为学生提供受教育自由权的条件和氛围，学校将会是受欢迎的地方，学生的独立性和创造性也能得到发展。

（二）获得经济资助权

学生享有"按照国家有关规定获得奖学金、贷学金、助学金"的权利。该项权利是为了保障公民实现受教育权、让贫困家庭学生获得均等的受教育机会和鼓励受教育者取得优异的学习成绩而设立的。

（三）获得学业证书权

学生享有"在学业成绩和品行上获得公正评价，完成规定的学业后获得相应的学业证书、学位证书"的权利。主要体现在两个方面：一是获得公正评价。按照学生学籍管理的规定，学生的学籍档案里有学习成绩登记表，学校应如实地记录学生各科学习成绩和品行状况。二是获得学业证书。一个学生完成规定的学业后，应获得相应的学业证书或学位证书，这是学生的一项重大权利。

（四）申诉起诉权

学生享有"对学校给予的处分不服，向有关部门提出申诉，对学校、教师侵犯其人身权、财产权等合法权益，提出申诉或者依法提起诉讼"的权利。

（五）法定其他权

学生除享有以上四项权利外，还享有"法律、法规规定的其他权利"。这里指《教育法》以外的其他法律法规规定的权利，包括《宪法》《中华人民共和国民法典》《未成年人保护法》《义务教育法》《教师法》等法律法规中的规定。

四、特殊学生群体的权利

特殊学生群体是指由于生理、经济或其他客观原因，在享有和行使受教育权利时处于不利境地、需要特别保护的学生。主要包括女子、家庭经济困难的学生、残疾人、少数民族学生、流动人员子女、违法犯罪的未成年人等。

（一）女学生群体享有的特殊教育权利

对女子受教育权利的法律保护。根据《中华人民共和国妇女权益保障法》《教育法》《义务教育法》等法律的规定，国家保障女子享有与男子平等的文化教育权利。《教育法》第三十七条第二款规定："学校和有关行政部门应当按照国家有关规定，保障女子在入学、升学、就业、授予学位、派出留学等方面享有同男子平等的权利。"

（二）家庭经济困难学生的特殊教育权利

对家庭经济贫困学生受教育权利的法律保护。《教育法》第三十八条规定："国家、社会对符合入学条件、家庭经济困难的儿童、少年、青年，提供各种形式的资助。"《义务教育法》第六条规定："国务院和县级以上地方人民政府应当合理配置教育资源，促进义务教育均衡发展，改善薄弱学校的办学条件，并采取措施，保障农村地区、民族地区实施义务教育，保障家庭经济困难的和残疾的适龄儿童、少年接受义务教育。"随着《义务教育法实施细则》《普通高等学校本、专科学生实行贷款制度的办法》等法规、规章的相继出台，我国建立了助学金、奖学金、贷学金、勤工俭学基金制度以及学费减免和捐资助学的办法，为家庭经济困难学生接受教育提供了保障。

（三）残疾人的特殊教育权利

《义务教育法》《义务教育法实施细则》对残疾人受教育权利提供了法律保障。《教育法》第三十九条规定："国家、社会、学校及其他教育机构应当根据残疾人身心特性和需要实施教育，并为其提供帮助和便利。"《义务教育法》第十九条规定："县级以上地方人民政府根据需要设置相应的实施特殊教育的学校（班），对视力残疾、听力语言残疾和智力残疾的适龄儿童、少年实施义务教育。特殊教育学校（班）应当具备适应残疾儿童、少年学习、康复、生活特点的场所和设施。普通学校应当接收具有接受普通教育能力的残疾适龄儿童、少年随班就读，并为其学习、康复提供帮助。"《中华人民共和国残疾人教育条例》是我国第一部有关残疾人教育的专项法规。它以残疾人平等参与社会生活为宗旨，重申了残疾人受教育的权利。《未成年人保护法》第八十六条规定："各级人民政府应当保障具有接受普通教育能力、能适应校园生活的残疾未成年人就近在普通学校、幼儿园接受教育；保障不具有接受普通教育能力的残疾未成年人在特殊教育学校、幼儿园接受学前教育、义务教育和职业教育。各级人民政府应当保障特殊教育学校、幼儿园的办学、办园条件，鼓励和支持社会力量举办特殊教育学校、幼儿园。"

（四）少数民族学生的特殊教育权利

《教育法》第十二条第二款规定："民族自治地方以少数民族学生为主的学校及其他教育机构，从实际出发，使用国家通用语言文字和本民族或者当地民族通用的语言文字实施双语教育。"目前，我国使用21个民族的29种文字，编辑出版幼儿、中小学、中等专业学校、成人、职业技术教育以及民族高等学校部分专业的教材。其中正式列入中小学课程计划，使用本民族语言文字进行教学的有：蒙古族、藏族、维吾尔族、哈萨克族、朝鲜族、壮族、彝族、柯尔克孜族、锡伯族、傣族、景颇族11种民族文字。每年编译出版的少数民族文字教材达3 500多种。

（五）流动人员子女的特殊教育权利

流动儿童少年是指6—14岁（或7—15岁），随父母或其他监护人在流入地暂时居住半年以上，具有学习能力的儿童少年。流动儿童和青少年的父母和其他法定监护人应当按照现在暂时居住地的人民政府的规定送其入学。流动儿童少年接受义务教育，主要在临时居住地的全日制公立中小学学习，也可以进入私立学校、全日制公立中小学附属教学班（组）和专门招收流动儿童少年的简易学校接受义务教育。《义务教育法》第十二条规定："父母或者其他法定监护人在非户籍所在地工作或者居住的适龄儿童、少年，在其父母或者其他法定监护人工作或者居住地接受义务教育的，当地人民政府应当为其提供平等接受义务教育的条件。具体办法由省、自治区、直辖市规定。"

（六）违法犯罪的未成年人的特殊教育权利

《教育法》第四十条规定："国家、社会、家庭、学校及其他教育机构应当为有违法犯罪行为的未成年人接受教育创造条件。"《义务教育法》第二十条规定："县级以上地方人民政府根据需要，为具有预防未成年人犯罪法规定的严重不良行为的适龄少年设置专门的学校实施义务教育。"《义务教育法》第二十一条规定："对未完成义务教育的未成年犯和被采取强制性教育措施的未成年人应当进行义务教育，所需经费由人民政府予以保障。"《未成年人保护法》第一百一十三条规定："对违法犯罪的未成年人，实行教育、感化、挽救的方针，坚持教育为主、惩罚为辅的原则。对违法犯罪的未成年人依法处罚后，在升学、就业等方面不得歧视。"

还有其他的留守儿童、单亲学生和孤儿等学生的特殊教育权利。《未成年人保护法》第八十三条规定："各级人民政府应当保障未成年人受教育的权利，并采取措施保障留守未成年人、困境未成年人、残疾未成年人接受义务教育。"

第三节　学生的义务

一、学生的义务的概念

学生的义务是指学生依照《教育法》及其他有关法律、法规，在参加教育活动中必须履行的责任，表现为学生在教育活动中必须做出一定行为或不得做出一定行为的约束。依据学生就读学校的类别和学生年龄的不同，学生的具体义务各有差别，但是《教育法》规定了学生的基本义务。

二、学生的基本义务

《教育法》第四十四条明确规定了学生的基本义务如下。

（一）遵守法律、法规的义务

遵守法律、法规是对学生作为社会公民最基本的规范，既包括遵守宪法、法律、行政法规，也包括遵守教育法律、法规和有关教育的规章。

（二）遵规、尊师、养德、修行的义务

学生应当"遵守学生行为规范，尊敬师长，养成良好的思想品德和行为习惯"。2015 年 8

月 21 日，为了加强对中小学生日常行为规范训练，促使他们从小就树立正确的国家观、集体观、道德观、人生观、价值观等理念，养成良好的行为习惯，促进身心健康发展，教育部颁布了《中小学生守则（2015 年修订）》，并指出各地可依据修订后的守则，结合实际情况，制定小学生日常行为规范和中学生日常行为规范。

尊敬师长是遵守学生行为规范的具体要求，是良好的思想品德和行为修养的具体体现。在教育教学活动中，教师是文化知识的传播者，承担着教书育人、培养社会主义事业建设者和接班人、提高民族素质的使命，理应受到学生和全社会的尊重。尊敬师长是我国的传统美德，也是社会进步文明的重要标志。学生要养成良好的思想品德和行为习惯，提高自身素养，就应当继承发扬这一美德。

（三）努力学习的义务

学生应当履行"努力学习，完成规定的学习任务"的义务。学习科学文化知识，完成规定的学业，以便使自己成为德智体美劳全面发展的社会主义事业的建设者和接班人，是学生的首要任务，也是学生区别于其他公民的一项特定义务。

其具体内容包括：学生应该明确学习目的，刻苦认真学习；遵守课堂纪律，按时上课，不迟到，不早退，不无故缺课；上课专心听讲，勇于提出问题，积极回答教师的提问；主动参与课堂活动，敢于发表自己的见解；认真复习，按时独立完成各科作业；遵守考试纪律，考试不作弊；完成各个阶段的必修课程，努力取得优良成绩等，对不同层次和类型学校的学生相关义务有所不同。

学生"以学为主"，作为专门的学生进入学校，就意味着他的主要任务是学习，意味着承担接受教育、完成学业的义务。对义务教育阶段的学生来说，这种义务具有强制性；对非义务教育阶段的学生来说，这是在享受受教育权利的同时，还应承担的义务。

履行完成学业的义务是学生享有获得学业证书及学位证书权利的前提。学习任务包括两种：一种是结果性的或称终结性的，即某一教育阶段教育计划规定的学生在该教育阶段结束时应完成的学习任务；一种是过程性的，是学生为完成某一教育阶段的学业或总的学习任务而要完成的日常的、大量的、具体的学习任务。这两种性质的学习任务是相辅相成的，过程性的学习是量的积累，其目的是质的提高。

（四）遵守校规的义务

学生应当履行"遵守所在学校或者其他教育机构的管理制度"的义务。学校为了保证教育教学工作的顺利进行，需要制定有关的管理制度。学校管理制度包括学校教学、科研、德育、劳动、体育等各项工作的管理制度。学生遵守这些管理制度，与遵守国家法律法规在实质上是一致的。

第四节　未成年学生的权益保护

一、未成年学生权利的法律保护的概念

学生权利保护是指以未成年学生为群体，家庭、学校和教师、国家和社会及其他社会成员要履行好各自的职责和义务，对学生的各项权利实施保护，使其合法权益免受侵害。

二、未成年学生权利受法律保护的依据

专门保护未成年人的法律。包括《未成年人保护法》《中华人民共和国预防未成年人犯罪法》等。

涉及未成年人保护内容的有关法律。包括《宪法》《中华人民共和国民法典》《刑法》《教育法》《义务教育法》等。

专门保护未成年人的规章制度。包括《未成年人学校保护规定》《未成年人网络保护条例》等。

三、《中华人民共和国未成年人保护法》对学生权利保护的规定

《未成年人保护法》是为保护未成年人身心健康，保障未成年人合法权益，促进未成年人德智体美劳全面发展，培养有理想、有道德、有文化、有纪律的社会主义建设者和接班人，培养担当民族复兴大任的时代新人，根据宪法，制定的法律。

1991 年 9 月 4 日，第七届全国人民代表大会常务委员会第二十一次会议通过，2006 年 12 月 29 日，第十届全国人民代表大会常务委员会第二十五次会议第一次修订，2012 年 10 月 26 日，第十一届全国人民代表大会常务委员会第二十九次会议通过《关于修改〈中华人民共和国未成年人保护法〉的决定》进行修正，2020 年 10 月 17 日，第十三届全国人民代表大会常务委员会第二十二次会议第二次修订。修订后的《未成年人保护法》分为总则、家庭保护、学校保护、社会保护、网络保护、政府保护、司法保护、法律责任和附则，共九章一百三十二条。《未成年人保护法》有以下的关键和重点。

（一）构建六大保护体系

形成了"家庭保护、学校保护、社会保护、司法保护、网络保护和政府保护"六大保护体系，全面系统地为未成年人提供保护。总体原则明确：应当坚持最有利于未成年人的原则，将"保护未成年人隐私权和个人信息""听取未成年人的意见"等作为处理未成年人事项的原则。

比如，监护人在作出与未成年人权益有关的决定、确定被委托人、父母离婚处理子女相关事宜等情形时，应听取未成年人的意见。

（二）强化家庭监护责任

（1）细化监护职责。明确列举了监护人应当为未成年人提供生活、健康、安全等方面照顾，教育引导未成年人养成良好的思想品德和行为习惯等十类行为，让监护人清楚知道自己的责任和义务。

🔖 **相关链接：**

教育引导未成年人养成良好的思想品德和行为习惯等
十类行为包括但不限于以下十类行为

生活照顾：确保未成年人获得充足的食物、衣物、住所等基本生活条件，满足其生活需求。

健康保障：定期带未成年人进行体检，关注其身体健康状况，预防疾病；同时，关注未成年人的心理健康，及时提供必要的心理支持。

安全教育：向未成年人传授安全知识，包括交通安全、防火防盗、网络安全等，增强其自我保护能力。

教育引导：监督未成年人的学习，鼓励其努力学习，培养其良好的学习习惯；同时，引导未成年人树立正确的价值观、人生观和世界观。

品德培养：通过言传身教，帮助未成年人养成良好的思想品德，如诚实守信、尊重他人、热爱劳动等。

行为习惯：引导未成年人养成规律的生活习惯，如按时作息、讲究卫生、爱护环境等。

社交指导：帮助未成年人学会与人交往，培养其良好的社交能力，防止其受到不良社交的影响。

兴趣培养：鼓励未成年人发展自己的兴趣爱好，为其提供必要的资源和支持。

法律教育：向未成年人普及法律知识，增强其法律意识，教育其遵守法律法规。

紧急救助：在未成年人遇到紧急情况时，及时提供救助，保护其人身安全。

（2）明确禁止行为。列举了监护人的十一类禁止性行为，如非法送养、家庭暴力、放任未成年人沉迷网络等，为监护人行为划定了红线。

🔖 **相关链接：**

监护人应严格遵守以下十一类禁止性行为

非法送养：不得将未成年人非法送养给他人，确保其合法权益不受侵犯。

家庭暴力：不得以任何形式对未成年人实施家庭暴力，包括身体暴力、精神暴力等。

放任沉迷网络：不得放任未成年人沉迷网络，应监督其合理使用网络，防止其受到网络不良信息的影响。

虐待、遗弃：不得虐待、遗弃未成年人，确保其得到应有的关爱和照顾。

强迫劳动：不得强迫未成年人从事超出其年龄和能力范围的劳动。

性侵犯：不得对未成年人实施性侵犯，包括性骚扰、性虐待等。

剥夺受教育权：不得剥夺未成年人的受教育权，应鼓励其努力学习，接受良好的教育。

教唆犯罪：不得教唆未成年人实施违法犯罪行为，应引导其树立正确的法律观念。

过度保护：不得过度保护未成年人，应鼓励其独立生活，培养其自主能力。

侵犯隐私：不得侵犯未成年人的隐私权，应尊重其个人空间和隐私信息。

其他违法行为：不得实施其他任何损害未成年人合法权益的违法行为。

（3）完善委托照护制度。针对留守儿童等群体的监护缺失问题，明确了委托照护的条件、被委托人的范围以及委托人和被委托人的相关责任等。规定监护人在一定期限内不能完全履行监护职责时，应委托具有照护能力的完全民事行为能力人代为照护，且委托人应与未成年人、监护人至少每周联系和交流一次，同时居民委员会、村民委员会要协助当地政府监督被委托人。

（三）保障受教育权利

（1）强化安全管理制度。学校、幼儿园应对未成年人进行安全教育，完善安保设施、配备安保人员，保障未成年人在校在园期间的人身和财产安全。使用校车的学校、幼儿园应建立健全校车安全管理制度。

（2）防控欺凌与性侵。首次对学生欺凌进行了定义，明确学校要建立学生欺凌防控工作制度，对教职员工、学生开展防治学生欺凌的教育和培训。学校对学生欺凌行为应当立即制止，通知双方监护人参与处理，并对相关未成年学生给予心理辅导、教育引导和必要的家庭教育指导。对于严重的欺凌行为，学校不得隐瞒，应及时向公安机关、教育行政部门报告，并配合处理。同时，学校要建立防治未成年人受到性侵的制度，发现相关案件后要及时向公安机关报告，并开展适合未成年人年龄的性教育。

（3）规范教学安排。学校不得占用国家法定节假日、休息日及寒暑假期组织义务教育阶段学生集体补课，幼儿园、校外培训机构不得对学龄前未成年人进行小学课程教育。

（四）规范社会相关行为

（1）增加基层组织责任。居民委员会、村民委员会应设置专人专岗负责未成年人保护工作，发现问题应及时报告。

（2）拓展福利范围。城市公共交通等应按规定对未成年人实施免费或优惠票价，鼓励公共场所设置母婴室、婴儿护理台等卫生设施，为未成年人提供更好的社会福利。

（3）净化社会环境。对新闻媒体的宣传、报道提出要求，不得侵犯未成年人的名誉、隐私等合法权益；对文化产品、广告等进行规范，不得含有危害未成年人身心健康的内容。

（4）加强公共场所管理。旅馆、宾馆、酒店等住宿经营者接待未成年人入住时，发现有异常情况或违法犯罪嫌疑的，应立即与监护人取得联系，或向公安机关报告。

（五）落实网络保护举措

（1）防止沉迷网络。要求建立统一的未成年人网络游戏电子身份认证系统，明确向未成年人提供网络游戏服务的时间，限制未成年人上网消费、"打赏"等，防止未成年人沉迷网络。

（2）规范网络行为。网络直播服务提供者不得为未满十六周岁的未成年人提供网络直播发布者账号注册服务；为年满十六周岁的未成年人提供时，应当对其身份信息进行验证，并征得其父母或者其他监护人的同意。处理不满十四周岁未成年人信息，应征得其监护人同意。

（3）制止网络欺凌。网络服务提供者应采取断开链接等措施，制止网络欺凌行为及危害未成年人身心健康信息的传播，并向有关部门报告。

（六）明确政府保护职责

（1）明确政府职责。县级以上人民政府应将未成年人保护工作纳入规划和预算，建立协调机制，统筹、协调、督促和指导有关部门做好未成年人保护工作。

（2）确立国家监护职责。明确在监护人不能履行监护职责时，由国家承担监护职责。规定了民政部门应依法对未成年人进行临时监护和长期监护的情形，保障未成年人的基本权益。

（七）增强法律责任与可操作性

（1）特殊案件保护。办理未成年人遭受性侵害或严重暴力伤害案件时，对未成年被害人、证人的询问采取保护其隐私的技术手段，尽量一次完成。询问遭受性侵害的女性未成年被害人，应由女性工作人员进行。

（2）综合保护措施。司法机关应联合有关部门、团体及组织，对遭受性侵害或者严重暴力伤害的未成年被害人及其家庭实施必要的经济救助、心理干预、转学安置等综合保护措施。

四、《中华人民共和国预防未成年人犯罪法》对学生权利保护的规定

《中华人民共和国预防未成年人犯罪法》（以下简称《预防未成年人犯罪法》）是为保障未成年人身心健康，培养未成年人良好品行，有效地预防未成年人犯罪而制定的。

1999 年 6 月 28 日，第九届全国人民代表大会常务委员会第十次会议通过；2012 年 10 月 26 日，第十一届全国人民代表大会常务委员会第二十九次会议通过《关于修改〈中华人民共和国预防未成年人犯罪法〉的决定》进行修正，2020 年 12 月 26 日，第十三届全国人民代表

大会常务委员会第二十四次会议修订。

修订后的《预防未成年人犯罪法》有如下的关键和重点。加强思想道德教育，向未成年学生明确告知不得有法律禁止的不良行为，学生出现"旷课"等不良行为时及时与其父母或其他监护人取得联系，制止未成年人组织或参加实施不良行为的团伙，发现未成年人受到犯罪教唆、胁迫、引诱或人身安全受到威胁应及时报告公安机关，不得歧视有不良行为的未成年人，教师不得教唆、胁迫、引诱未成年人实施不良行为，制止未成年人的严重不良行为，尊重有严重不良行为未成年人的人格，对不予刑事处罚或免予刑事处罚的未成年人要做好帮教工作。

五、《未成年人网络保护条例》对学生权利保护的规定

《未成年人网络保护条例》是为营造有利于未成年人身心健康的网络环境，保障未成年人合法权益，根据《未成年人保护法》《中华人民共和国网络安全法》《中华人民共和国个人信息保护法》等法律，制定的条例。

《未成年人网络保护条例》（以下简称《条例》）经2023年9月20日国务院第十五次常务会议通过，自2024年1月1日起施行。《条例》共七章六十条，重点规定了以下内容。

一是健全未成年人网络保护体制机制。明确国家网信部门负责统筹协调未成年人网络保护工作，并依据职责做好未成年人网络保护工作。明确国家新闻出版、电影部门和国务院教育、电信、公安、民政、文化和旅游、卫生健康、市场监督管理、广播电视等有关部门依据各自职责做好未成年人网络保护工作。明确县级以上地方人民政府及其有关部门依据各自职责做好未成年人网络保护工作。

二是促进未成年人网络素养。明确将网络素养教育纳入学校素质教育内容。要求改善未成年人上网条件，提供优质的网络素养教育课程。强化学校、监护人网络素养教育责任，建立健全学生在校期间上网管理制度。明确未成年人网络保护软件、专门供未成年人使用的智能终端产品的功能要求。规定未成年人用户数量巨大或者对未成年人群体具有显著影响的网络平台服务提供者应当履行的未成年人网络保护义务。

三是加强网络信息内容建设。规定国家鼓励和支持制作、复制、发布、传播有利于未成年人健康成长的网络信息。明确网络产品和服务提供者发现危害或者可能影响未成年人身心健康信息的处置措施和报告义务。禁止任何组织和个人对未成年人实施网络欺凌行为。要求网络产品和服务提供者建立健全网络欺凌行为的预警预防、识别监测和处置机制。

四是保护未成年人个人信息。规定监护人应当教育引导未成年人增强个人信息保护意识和能力、指导未成年人行使相关权利。明确发生或者可能发生未成年人个人信息泄露、篡改、丢失时，信息处理者对未成年人个人信息安全事件应按应急处置要求执行。规定个人信息处理者应当严格设定未成年人个人信息访问权限、开展个人信息合规审计。明确加强未成年人私密信息保护。

五是防治未成年人沉迷网络。要求提高教师对未成年学生沉迷网络的早期识别和干预能力，加强监护人对未成年人安全合理使用网络的指导。规定网络服务提供者应当合理限制不同年龄阶段未成年人在使用其服务中的消费数额，防范和抵制"流量至上"等不良价值倾向。要求网络游戏服务提供者建立、完善预防未成年人沉迷网络的游戏规则，对游戏产品进行分类并予以适龄提示。

一、课后思考

1. 如何理解学生的法律地位？

2.《中华人民共和国教育法》中规定的学生的权利有哪些？

3.《中华人民共和国教育法》中规定的学生的义务有哪些？

4.《中华人民共和国未成年人保护法》中关于学生权利保护的规定有哪些？

5.《中华人民共和国预防未成年人犯罪法》中关于学生权利保护的规定有哪些？

二、教师资格考试真题练习

1.【单选题】所谓受教育权，是指（   ）。

A. 在一定的教育机构中，由教育者对受教育者实施的一种有目的、有计划、有组织的影响活动

B. 公民有从国家接受文化教育的机会，以及获得受教育的物质帮助的权利

C. 公民有获得知识、技能的权利

D. 公民均有上学的权利

2.【单选题】下列不属于我国宪法和法律规定的少年儿童享有的合法权利的是（   ）。

A. 人身自由权　　　　B. 人格尊严权　　　　C. 受教育权　　　　D. 选举权

3.【单选题】根据《教育法》的规定，受教育者享有规定的权利。下列做法正确体现受教育者享有权利的是（   ）。

A. 在校学生可以使用教学设备、设施和图书资料

B. 某学生完成规定学业后，学校以其不尊师为由拒发毕业证书

C. 学校因为学生上课讲话，将其赶出教室

D. 应遵守所在学校或者其他教育机构的管理制度

4.【单选题】学生在学校各项权利中最主要、最基本的一项权利是（   ）。

A. 受教育权　　　　B. 生命健康权　　　　C. 人格尊严权　　　　D. 人身自由权

5.【单选题】某中学教师通过自己主观意识私下选出班级贫困生领取国家的教育补助资金，这侵犯了学生的（   ）。

A.名誉权　　　　　　B.奖学金助学金权　　C.受教育权　　　　　　D.人格尊严权

6.【单选题】某中学为了禁止该校学生带手机进校，在学生进入校门时由甲老师搜身，该老师侵犯了学生的（　　）。

A.人身自由权　　　B.姓名权　　　　　C.受教育权　　　　D.隐私权

7.【单选题】某中学一周内连续发生两起学生殴打老师的事件，其中一起发生在一位教初一年级的女老师身上。该女老师在为一名转入该校的学生办理报名手续时，因言语不合与该学生及其家长发生冲突，结果招致该学生和其家长的联手暴打。该学生违反了（　　）义务。

A.遵守法律、法规的义务

B.遵守学生行为规范，尊敬师长，养成良好的思想品德和行为习惯的义务

C.努力学习，完成规定的学习任务的义务

D.遵守所在学校或者其他教育机构的管理制度

8.【单选题】小铭同学因感觉英语老师布置的抄写作业无聊，拒绝做作业。小铭同学的行为违反了（　　）义务。

A.遵守法律、法规的义务

B.遵守学生行为规范，尊敬师长，养成良好的思想品德和行为习惯的义务

C.努力学习，完成规定的学习任务的义务

D.遵守所在学校或者其他教育机构的管理制度

9.【单选题】一份搜狐新闻的采访显示，超八成受访者认为，当前大学生逃课现象严重。请问逃课的学生违反了（　　）义务。

A.遵守法律、法规的义务

B.遵守学生行为规范，尊敬师长，养成良好的思想品德和行为习惯的义务

C.努力学习，完成规定的学习任务的义务

D.遵守所在学校或者其他教育机构的管理制度

10.【单选题】下列老师侵犯学生受教育权的是（　　）。

A.期中考试时学校张榜公布成绩　　　B.某企业为困难学生提供助学金

C.学校开设大课间活动　　　　　　　D.因学生上课不听讲，老师就开除了他

11.【单选题】为了将校园建设得更完善，某校向学生收取每人100元，添置十台投影仪，该校做法（　　）。

A.能解决教学困难，给予支持　　　　B.违反法律规定，侵犯了学生的人身权

C.违反了法律规定，应当追究责任　　D.学校和学生共同受益，无对错之分

12.【单选题】有的老师怕影响总体成绩，不让成绩差的学生参加考试，侵犯了学生的（　　）。

A.受教育权　　　　B.名誉权　　　　　C.隐私权　　　　　D.人身安全权

13.【单选题】教师没收学生的文具，侵犯了学生的（　　　）。

　　A.受教育权　　　　　B.财产权　　　　　　C.人身权　　　　　　D.肖像权

14.【单选题】教师辱骂学生侵犯了学生的（　　　）。

　　A.生命权　　　　　　B.健康权　　　　　　C.人身自由权　　　　D.人格尊严权

15.【单选题】教师私拆学生信件，侵犯了学生的（　　　）。

　　A.隐私权　　　　　　B.肖像权　　　　　　C.名誉权　　　　　　D.财产权

16.【单选题】当地一家报社未经允许私自刊登了小丽的一篇文章，这侵犯了小丽的（　　　）。

　　A.荣誉权　　　　　　B.著作权　　　　　　C.受教育权　　　　　D.名誉权

17.【单选题】某校在期末考试后，将学生的考试成绩排名张榜公布，该校做法（　　　）。

　　A.体现了学校的管理权　　　　　　　　　B.体现了学校的教育权

　　C.体现了学生的受教育权　　　　　　　　D.侵犯了学生的隐私权

第四章 学校——依法治校

学习目标：

1. 了解学校的法律地位，理解和掌握学校的权利和义务，熟悉国家有关教育法律法规所规范的学校教育行为，依法治校。

2. 理解学校管理中的规范行为，防范学校管理中的法律风险。

3. 自觉形成依法治校的法律意识，保障学校、教师和学生的合法权益。

问题情景：

某小学非常重视课间。每周大课间相继安排课间操、踢毽子以及跳绳等活动。活动开始前，班主任一般都会强调安全注意事项。有一次课间踢毽子时，学生小明在操场上与几位同学追逐玩耍。操场地面有一处不平整的区域，小明在奔跑中不慎摔倒，导致膝盖受伤。事故发生后，学校老师立即将小明送往医院进行治疗，并迅速通知学校领导、班主任和学生家长。

问题： 请结合学校的义务，对学校的做法进行评析。

第一节 学校的法律地位

依法治校是贯彻依法治国基本方略的必然要求，是深化教育改革、推动教育发展的重要内容，是保障各方合法权益的重要保障，是提高学校治理法治化、科学化水平的客观需要，是促进素质教育全面实施的重要途径，也是构建现代学校制度的内在要求。

一、学校法律地位的概念

学校是指经教育行政主管机关批准或登记注册，以实施学制系统内各阶段教育为主的教育机构。我国学制系统内的教育阶段分为幼儿教育、初等教育、中等教育和高等教育。每一教育阶段，根据教育对象和培养目标的不同而设立不同类型的学校。主要包括幼儿园、小学、初级中学、高级中学或完全中学、各类中等专业学校、职业学校、技工学校、普通高等学校、具有颁发学历证明资格的成人学校，以及其他专门实施学历性教育的教育机构。

学校法律地位是学校作为一种社会组织，与它所处的内外环境构成一系列社会关系。从法律意义上讲，学校是专门从事学制系统内教育教学活动的社会组织。所谓学校法律地位，是指法律根据学校这种社会组织的目的、任务、性质和特点而赋予其的一种同自然人相似的"人格"。[①] 我们可以从以下几个方面进一步理解这个概念的基本含义。

学校法律地位的实质是其法律人格。我们知道，作为生命体的自然人具有自己独立的人格。法学上借用"人格"一词，把社会组织体看成一个"人"（民法上称"法人"），其人格主要是指该社会组织从事某种活动的权利能力、行为能力及相应的责任能力，并主要以这三种能力在某种法律关系中取得主体资格。学校的法律人格，主要从其从事教育教学活动的权利和义务中反映出来，是其办学自主权的抽象化、形象化。

相关链接：

法律人格

法律人格是指作为一个法律上的人的法律资格。即维持和行使法律权利，服从法律义务和责任的条件。对任何法律制度来说，都将赋予一定的人、团体、机构和诸如此类的组织以法律人格。在奴隶制的法律制度中，奴隶没有法律人格，他们只是动产。现代法律制度主要赋予自然人和法人以法律人格。法律人格，尤其对自然人来说有两种属性：身份和能力。虽然所有的自然人都可能具有法律人格，但其身份和能力并非相同，外侨、婴儿和精神病患者的能力是受限制的。现代各国法律制度一般规定，法律人格通常随着胎儿的出生而确立。

学校法律地位的内容体现了其任务、条件和特点。从民法意义上讲，学校的法人权利能力的范围决定于成立该法人的宗旨和业务范围，法人无权进行违背其宗旨和超越其业务范围的民事活动。《教育法》规定的学校的具体权利，体现了学校培养社会主义建设者和接班人的育人宗旨。而对不同条件和特点的学校，如中小学和高等学校，其权利义务内容也不完全相同。

学校法律地位在形式上是由法律赋予的。学校是相对独立的组织教育活动的实体，必须具有相应的法律地位，这是毋庸置疑的。学校成为法人实体必须符合我国《中华人民共和国民法典》规定的条件：依法成立，有必要的财产或者经费，有自己的名称、组织机构和场所，能够独立承担民事责任。同时，《教育法》第三十二条明确规定："自批准设立或登记注册之日起取得法人资格。"这些规定，为进一步落实学校的法律地位，扩大学校依法办学的自主权，促使

[①] 劳凯声，蒋建华.教育政策与法规概论 [M].北京：北京师范大学出版社，2015：244.

教育机构广泛参与民事活动，提供了基本的法律依据。应当指出，学校的法律地位不仅包括它在民事法律关系中的法人地位，也包括它在行政法律关系中的法律地位。学校在行政法律关系中法律地位，则由宪法和行政法规所规定。

二、学校法律地位的特点

（一）学校法律地位具有公共性

在我国法律体系中，学校是按照涉及公共利益的法律建立的，能够作为公权力并承担义务的组织，是为公共利益而存在的主体。这种公共性主要体现在以下三个方面。

（1）学校设立依据的公共性。学校的设立是由国家通过法律授权履行教育公共服务职能，其设立和运行主要依据《教育法》《义务教育法》等公法性质的法律法规，目的是提高全民族素质。如《教育法》第二十六条明确规定："国家制定教育发展规划，举办学校及其他教育机构。"《义务教育法》第二条强调："义务教育是国家必须予以保障的公益性事业。"

（2）学校培养目标的公共性。学校的核心职能是实施教育教学活动，培养德智体美劳全面发展的社会主义建设者和接班人，其目标是提高全民族素质，具有显著的社会公益性。

（3）学校权力来源与监督的公共性。学校行使的教育权实际是国家教育权的一部分，《教育法》第二十九条明确规定学校享有教育教学权、招生权、对学生进行学籍管理、实施奖励或处分权、对学生颁发相应的学业证书权等。对学校来说，这种教育教学实施权，既是国家授予的权利，又是国家交予的任务，只能正确行使，而不能放弃。同时，学校在行使教育权过程中也须接受政府、社会和家长的监督，规范行使权力。

（二）学校法律地位具有公益性

根据《中华人民共和国民法典》，我国民法上的法人，依法人创立的目的和活动内容的不同可以分为企业法人和事业法人。企业法人是进行生产、经营活动，以扩大社会积累、创造物质财富为目的的各类经济组织，包括全民所有制和集体所有制企业法人以及联营法人。事业法人是指从事经济活动以外，从事社会公益事业、满足群众文化、教育、卫生等需要为目的的各类社会组织，包括科学、文化、教育、卫生、艺术、体育等事业单位法人。将学校规定为公益性机构是世界各国的惯例。《教育法》第二十六条第四款规定："以财政性经费、捐赠资产举办或者参与举办的学校及其他教育机构不得设立为营利性组织。"同时在许多方面规定了对学校的优惠政策，如勤工俭学、学校用地、教学仪器设备的生产和供应、图书资料的进口等，体现了学校公益性的法律地位。

（三）学校法律地位具有多重性

我国学校在其活动时，根据条件和性质的不同，可以有多重主体资格。当其参与教育行政法律关系，取得行政上的权利和承担行政上的义务时，它就是教育行政法律关系的主体；当其参与教育民事法律关系，取得民事权利和承担民事义务时，它也是教育民事法律关系的主体。所谓教育行政法律关系，是指学校在实施教育活动中，与国家行政机关或是当学校享有法律法规授权某些行政管理职权，取得行政主体资格时，与教师、学生发生的关系；所谓教育民事法律关系，是学校与不具有行政隶属关系的行政机关（此时行政机关是机关法人身份）、企事业组织、集体经济组织、社会团体、个人之间发生的社会关系，这类关系涉及面颇广，例如学校财产、人身、土地、学校环境乃至创收中所涉及的权利，都会产生民事所有权和流转上的必然联系。教育行政法律关系和教育民事法律关系是两类不同的法律关系。学校在这两类不同的法律关系中的法律地位是不一样的。在教育行政法律关系中，学校是作为行政管理相对人出现的。当然，这并不排除学校作为办学实体享有自己的权利和义务。在教育民事法律关系中，学校与其他主体处于平等地位。

除了两种主要法律关系，学校还与国家发生涉及国家对学校的财政拨款、国家对学校兴办产业给予税收优惠等经济法律关系，成为经济法律关系主体，具有经济法意义上的权利和义务。

三、学校的举办与学校法人

（一）学校的举办条件和程序

学校是实施教育教学活动的专门机构。国家鼓励举办学校及其他教育机构。《教育法》第二十六条第一款和第二款规定："国家制定教育发展规划，并举办学校及其他教育机构。国家鼓励企业事业组织、社会团体、其他社会组织及公民个人依法举办学校及其他教育机构。"设立学校必须具备一定的人力、物力和财力条件，并且通过一定的程序才能举办学校。

1. 学校的举办条件

《教育法》第二十七条规定："设立学校及其他教育机构，必须具备下列基本条件：（一）有组织机构和章程；（二）有合格的教师；（三）有符合规定标准的教学场所及设施、设备等；（四）有必备的办学资金和稳定的经费来源。"

有组织机构和章程。学校须建立健全的内部组织管理机构，如教研室、总务处、校长办公室等教学和管理机构，以及相应的管理人员。同时，要有明确的章程，规定学校的名称、举办者、办学宗旨、教育教学任务、管理体制、机构设置、民主管理制度、财务管理制度、人事管理制度，以及章程的修改程序等事项。学校章程是学校成为法人组织的必备条件，是学校成为独立法人主体的基本文件。学校章程经过主管部门核准后，学校便可在章程的范围内自主开展各项活动，不受外界非法干预。

有合格的教师。在申请设立学校时，要确保有可靠的合格教师来源，能够通过聘任专职或兼职的教师来完成教育教学任务。教师应符合《教师法》规定的资格、条件，并取得相应的教师资格证书。

有符合规定标准的教学场所及设施、设备等。教学场所及设施、设备包括校舍、活动场地、教学仪器、设备，以及教育教学所必需的图书资料等。这些场所、设施、设备必须符合安全、卫生等方面的标准，以保障学生的身心健康和教育教学的顺利进行。

有必备的办学资金和稳定的经费来源。举办者要根据学校的规模、标准和要求，做好财政收支预算，保证有足够的资金用于学校的设立。学校设立后，也需要有稳定的经费来源，以维持学校的正常运转。

2. 学校的举办程序

《教育法》第二十八条规定："学校及其他教育机构的设立、变更和终止，应当按照国家有关规定办理审核、批准、注册或者备案手续。"本条是关于学校设置程序的规定。学校法人的设置程序既是学校法人成立的形式要件，也是国家及其主管机构对学校法人进行管理监督的首要环节。该规定把办学活动纳入了正常的教育管理秩序，使学校的设立、变更、终止等程序上的管理制度具有了法定效力，从而防止擅自设立、变更和终止学校。这一规定有利于保证举办者改善办学条件，引导举办者根据国家教育发展规划考虑办学，使学校及其他教育机构的布局趋于合理，避免低水平重复设置和教育资源的浪费；同时还有利于国家及其主管部门对学校及其他教育机构的管理和监督，以维护正常的教育教学秩序，保护受教育者的合法权益。

我国对中小学的设立、变更和终止的管理，根据机构的性质不同，分别实行审批制度和登记注册制度。根据目前我国实行的教育管理体制，中小学校的设立主要实行审批制度，审批程序一般包括审核、批准和备案等环节，主要由县、县级市、市辖区人民政府教育行政部门负责，根据设置标准和审批办法，对机构名称、章程、机构组织、经费来源、场地、师资等内容进行审核，决定是否准予办学。只有经过相关部门批准，并取得办学许可证，拟举办的学校才合法。同样地，也只有经过批准，才能变更或终止学校及其他教育机构。幼儿园等教育机构实行登记注册制度。主管部门对申请者提出的申请报告应予审核，只要申请办学的机构符合设置标准，就必须予以登记注册。

（二）学校法人

1. 学校是法人

《中华人民共和国民法典》第五十七条规定："法人是具有民事权利能力和民事行为能力，依法独立享有民事权利和承担民事义务的组织。"学校的法人地位是根据学校及其他教育机构的条件和特点而赋予学校的一种同自然人相似的人格，一种享有权利与履行义务的主体资格。在我国，学校被视为事业单位法人。《教育法》第三十二条第一款和第二款规定："学校及其他教育机构具备法人条件的，自批准设立或者登记注册之日起取得法人资格。学校及其他教育机构在民事活动中依法享有民事权利，承担民事责任。"确立学校法人地位的意义在于确立学校在民事法律行为中的法律地位。

2. 学校法人的特征

学校作为法人，具有以下特征。

（1）办学自主权。办学自主权强调学校在法律、法规和政策的框架内，依法享有办学自主权，能够独立地进行教育教学管理、决策和发展规划。具体内容如下：①教育教学自主权。学校有权根据国家的教育方针和课程标准，自主制定教学计划、进行课程设置和确定教学方法。学校可以根据学生的实际情况和需求，调整教学内容和教学进度，提高教学效果。例如，一些学校采用项目式学习、探究式学习等教学方法，培养学生的创新能力和实践能力。②人事管理自主权。学校有权自主招聘、解聘教师和管理人员，制定教师和管理人员的薪酬待遇和绩效考核制度。学校可以根据教师的专业特长和教学需求，合理安排教师的工作岗位和教学任务，提高教师的工作积极性和教学质量。例如，一些学校实行教师聘任制和绩效工资制，激励教师不断提高教学水平和教育教学质量。③财务管理自主权。学校有权自主管理学校的财务收支，制定学校的预算和决算制度，合理使用学校的经费。学校可以根据教育教学需要，自主采购教学设备和办公用品，提高学校的教育教学条件。例如，一些学校通过开展勤工俭学、社会捐赠等活动，增加学校的经费收入，改善学校的办学条件。④学校发展规划自主权。学校有权根据国家的教育发展规划和学校的实际情况，自主制定学校的发展规划和战略目标。学校可以根据发展需求，自主开展教育教学改革和创新活动，提高学校的办学水平和教育教学质量。例如，一些学校制定了中长期发展规划，明确了学校的发展目标和发展方向，通过不断改革和创新，提高了学校的办学水平和教育教学质量。

（2）财产独立性。《教育法》第二十九条第七款规定了学校具有"管理、使用本单位的设施和经费"的权利。学校拥有独立的财产，包括举办者的出资、政府的拨款、学费收入、社会捐赠等。这些财产用于学校的日常运营、教学设施的建设和维护、教师的薪酬支付等，与举办者的个人财产相分离。

（3）公益性机构。《教育法》第八条第一款规定："教育活动必须符合国家和社会公共利益。"《教育法》第二十六条第三款和第四款规定："国家举办学校及其他教育机构，应当坚持勤俭节约的原则。""以财政性经费、捐赠资产举办或者参与举办的学校及其他教育机构不得设立为营利性组织。"

（4）独立承担民事责任。《中华人民共和国民法典》第六十条规定："法人以其全部财产独立承担民事责任。"第六十一条第二款规定："法定代表人以法人名义从事的民事活动，其法律后果由法人承受。"《教育法》第三十二条第二款和第四款规定："学校及其他教育机构在民事活动中依法享有民事权利，承担民事责任。""学校及其他教育机构兴办的校办产业独立承担民事责任。"学校在法律上是独立的主体，能够以自己的名义独立开展教育教学活动、参与民事活动、签订合同、起诉和应诉等。

第二节　学校的权利和义务

学校作为依法成立的、实施教育教学活动的专门机构，为完成其法定的基本职能，必须依法享有赋予其不同于其他社会组织的权利并承担相应的义务。

一、学校的权力

学校权利是指学校为实现办学宗旨而独立自主地进行教育教学管理、实施教育教学活动的资格和能力。即学校在教育活动中能够做出或不做出一定行为，并要求相对人相应做出或不做出一定行为的许可和保障，它是为教育法所确认、设定或保护的，不同于民法和行政法上的权利。《教育法》第二十九条对依法设立的学校及其他教育机构的基本权利进行了以下规定。

（一）按照章程自主管理

章程是指学校为保证正常运行，对内部管理进行规范而制定的基本制度。学校依法制定章程，确立其办学宗旨、管理体制及各项重大原则，制定具体的管理规章和发展规划，自主地作出管理决策，并建立、完善自己的管理系统，组织实施管理活动，这是建立现代学校管理体制的重要前提。主管部门或举办者不得非法干涉学校依规自主管理行为。

学校作为法人在依法批准设立时，必须具有符合国家规定的组织章程。法人本身是一个组织机构，组织机构的运转活动必须有自身内部的管理章程，这是设立学校及其他教育机构所必须具备的四个基本条件中的第一个。学校一经依法设立，即意味着具备设立的全部条件，也就是说其章程得到确认，因此学校按照被确认的章程，管理自身内部的活动即成为学校及其他教育机构所行使的法定权利。依据各级各类学校的任务不同，章程的内容各有不同，但其共同点应主要包括办学宗旨、教育教学活动管理规则、校内管理体制、财务管理制度、安全保卫制度、民主管理与监督制度、修改章程的程序等。

学校章程具有重要的意义。章程是学校依法办学的基本要求；章程是学校自主管理的重要路径；章程是师生民主监督的有力支撑；章程是社会广泛参与的重要保障。

学校章程制定应注意以下几点：要与现行的法律法规相一致；代表改革与发展的方向并为学校的各项教育教学、管理工作提供保证；建立与章程相配套的各项规章制度，形成一整套学校管理的规范性文件；制定的规章制度用语应准确、规范，不应使执行者和遵守者产生歧义。此外，在制定章程中还要遵循必要程序，一般应包括以下几项：由校长主持该项工作，并组成各方代表参加的学校章程起草小组，必要时可请教教育法方面的专家、学者做顾问；经充分讨论后，由教职工大会通过；报请教育行政主管部门依法审核。

（二）组织实施教育教学活动

教育教学活动是学校的基本活动，组织实施教育教学活动，是学校最基本的权利。学校有权根据办学宗旨和任务，依据国家教育主管部门有关教育教学内容和课程设置等方面的规定，因校制宜，自主组织和实施教育教学活动。

这项权利是学校作为以培养人、教育人为宗旨的法人，被《教育法》确定的从事教育教学活动的权利能力。其他领域若不是依《教育法》成立的法人，均不具有从事教育活动的权利。

（三）招收学生或者其他受教育者

招生是教育活动的一种特殊形式。招生权是教育机构的基本权利。学校作为《教育法》确认的具有进行教育活动的权利能力的法人，招收学生的活动就成为其组织实施教育活动的一部分，是学校所具有的特殊的法定权利。同时，学校招收学生必须符合国家有关规定，其招生简章和广告内容必须真实、准确，严格按规定履行审核手续，不得制发虚假招生简章和广告。

学校有权依据国家招生法律、法规和主管部门的招生管理规定，根据本校的办学宗旨、培养目标、任务以及办学条件和能力，制定本校具体的招生办法，发布招生广告，决定招生数量和人员，确定招生范围和来源。

（四）对受教育者进行学籍管理，实施奖励或者处分

学籍管理是指学校针对受教育者的不同层次、类别，制定与入学及报名注册、成绩考核、纪律与考勤、留级、降级、休学与复学、转学等相关的管理办法，并对其实施具体的管理活动。奖励是指学校针对受教育者在德、智、体等方面的突出表现，给予精神的、物质的奖励，如颁发荣誉证书、给予奖学金等。处分是指学校对违反校纪校规的受教育者，给予的校内处分，包括警告、严重警告、记过等处分形式。需要注意的是，《义务教育法》第二十七条规定："对违反学校管理制度的学生，学校应当予以批评教育，不得开除。"因此，留校察看、开除学籍等处分形式在义务教育阶段学校学生管理中并不适用。

（五）对受教育者颁发相应的学业证书

学校依据国家有关学业证书的管理规定，根据自己的办学宗旨、培养目标和教育教学任务要求，有权对经考核成绩合格的受教育者，按其类别，颁发毕业证书、结业证书等学业证书。学校作为从事教育教学活动的事业法人，法律赋予了学校行使对受教育者颁发学业证书的行政权力。这是学校代表国家行使的在学历证书方面的行政管理权。

向受教育者颁发相应的学业证书，这是学校自主实施教育教学活动所必然享有的权利。从保护受教育者合法权益的角度讲，也是学校应尽的义务。学校向受教育者颁发相应的学业证书，要遵循公正、公开的原则，并接受主管机关和受教育者的监督。

（六）聘任教师及其他职工，实施奖励或者处分

学校根据国家有关教师和其他教职工管理的法律、法规，从本校的办学条件、办学能力和实际情况出发，有权自主决定聘任、解聘有关教师和其他职工，并制定本校的教师及其他职工聘任办法，签订和解除聘任合同。学校可以对教师及其他员工实施包括奖励、处分在内的具体管理措施。教育机构在聘任、奖励、处分教师和其他职工时，应根据教师和其他职工的职责要求，重点考虑本人的表现及业绩。

（七）管理、使用本单位的设施和经费

学校作为独立的法人，对其占有的场地、教室、宿舍、教学设备等设施、办学经费以及其他有关财产，享有财产管理权和使用权。同时，学校行使此项权利，也应遵守国家有关国有资产管理、教育经费投入及学校财务活动的管理规定，符合国家和社会公共利益，有利于学校发展和实现学校的办学宗旨，有利于合理利用教育资源，不得妨碍学校教育和管理活动的正常进行，不得侵害举办者、投资者等有关权利人的财产权利。

（八）拒绝任何组织和个人对教育教学活动的非法干涉

学校对来自行政机关、企业事业组织、社会团体、个人等任何方面的非法干涉教育教学活动的行为，有权拒绝和抵御。所谓非法干涉是指行为人违背法律、法规和有关规定，作出的不利于教育教学活动的行为，如强行占用教室、随意要求学校停课、以行政命令干涉具体的教学活动、要求学校向学生收费等。

（九）法律、法规规定的其他权利

其他权利是指除上述八项权利外，现行法律、行政法规以及地方性法规赋予学校的权利以及将来制定的法律、法规确立的有关权利。此项规定是对学校享有除上述八项权利外的其他合法权利的概括。作出此项规定，有利于将来制定有关的教育法律、法规，进一步完善学校的办学自主权。

学校在行使上述权利时，必须符合国家和社会的公共利益，必须贯彻国家的教育方针。遵守法律、法规和国家教育行政主管部门的规定，不得违反规定滥用权利，也不得放弃和转让。如果学校违背国家法律和有关规定滥用这些权利，危害社会公共利益，或者有严重的失职行为，侵害学生、教师等的合法权益，应承担相应的法律责任。

实施义务教育的学校享有的权利还包括：要求当地人民政府和办学部门依法增加教育经费，改善办学条件，达到办学标准；根据城乡经济、社会发展和学生自身发展的实际情况，有计划地对学生进行职业指导教育和职业预备教育或劳动技艺教育；作为事业法人，学校有对其占有土地的使用权和对校舍、设备、桌椅、仪器等的所有权或占有、使用权；学校有权抵制违反《义务教育法》措施的实行，有权抵制妨碍义务教育实施的各种社会摊派。这项权利是学校

作为义务教育的主体，自觉、主动从事义务教育活动而享有的基本权利，各级人民政府、办学单位、教育主管部门、社会、家庭都应给予尊重和保障。

二、学校的义务

学校的义务是指学校在教育活动中必须履行的法律责任，即学校在教育活动中必须作出一定行为或不得作出一定行为的约束。权利和义务是相对应的，《教育法》对依法设立的学校的基本权利进行了明确的规定；同时，为了更好地开展教育教学活动，保护学生和教师的合法权益，也规定了学校应该履行的基本义务。《教育法》第三十条规定了学校及其他教育机构应当履行下列义务。

（一）遵守法律、法规

遵守法律、法规这项义务是基于《宪法》的有关规定确立的，是法律对一般法人的要求。《宪法》第五条第四款和第五款规定："一切国家机关和武装力量、各政党和各社会团体、各企业事业组织都必须遵守宪法和法律。一切违反宪法和法律的行为，必须予以追究。""任何组织或者个人都不得超越宪法和法律的特权。"学校是培养人的社会组织，遵守法律、法规是其必须履行的基本义务。此项义务中的"法律"包括宪法和国家权力机关制定的法律；"法规"包括国务院制定的行政法规和地方性法规。《教育法》作出此项规定，并不是对《宪法》有关内容的简单重复，它包括两层含义：既包括学校在一般意义上的守法，不得违背法律；也包括教育法律、法规、规章中为学校及其他教育机构确立的义务，这些义务与实施教育教学活动、实现其办学宗旨有密切联系。

（二）贯彻国家的教育方针，执行国家教育教学标准，保证教育教学质量

首先，学校及其他教育机构在整个教育教学活动中要坚持社会主义办学方向，贯彻《教育法》第五条确立的国家教育方针，走教育教学与生产劳动和社会实践相结合的办学道路，要使受教育者把学习科学文化与加强思想修养、学习书本知识与投身社会实践、实现自身价值与服务祖国人民、树立远大理想与进行艰苦奋斗统一起来，从德、智、体等方面全面教育、培养学生。

其次，要执行国家教育教学标准，努力改善办学条件，加强育人环节，保证教育教学活动和培养学生的质量达到国家教育教学标准，并不断提高教育教学质量。国家教育教学标准是国家规定的各级各类教育的教育内容、教育教学质量及办学条件等必须达到的一般标准，它是国家评估和指导教育活动的基本依据，是一国教育水平的集中反映。国家教育教学标准通常由国家组织编订或者经国家审定批准，由各级各类教育机构具体实施。

确立的此项义务有利于保证学校教育的社会主义性质，促使学校努力为社会主义现代化建设培养德、智、体、美、劳全面发展的各类人才。

（三）维护受教育者、教师及其他职工的合法权益

一方面，学校自身的行为不得侵犯受教育者、教师及其他职工的合法权益，如不得克扣、拖欠教职工工资，不得拒绝达到入学标准的受教育者入学，尊重学生的受教育权，包括学籍权、学历、学位证书权、上课权等；学校的教育教学工作应当适应全体学生身心发展的需要；学校和教师不得对学生实施体罚、变相体罚或者其他侮辱人格尊严的行为；对品行有缺陷、学习有困难的儿童少年应当给予帮助，不得歧视。另一方面，当教育机构以外的其他社会组织和个人侵犯了本校学生、教师及其他职工的合法权益时，学校应当以合法方式，积极协助有关单位查处违法行为的当事人，维护其合法权益。这项义务的确立，有助于保持校园秩序乃至社会秩序的稳定，也有助于维护学生、教师及其他职工的合法权益。对学校侵犯学生、教师及其他职工合法权益的，学生、教师及其他职工有权依法提起申诉或诉讼。

相关链接：

学校维护受教育者的合法权益

学校维护受教育者的合法权益。国家颁布实施了《中华人民共和国未成年人保护法》和《未成年人学校保护规定》（包括一般保护和专项保护）。

《中华人民共和国未成年人保护法》第三章"学校保护"第二十五条至第四十一条对未成年人的保护进行了相关规定：学校应当保障未成年学生受教育的权利，学校应当关心、爱护未成年学生，尊重未成年人人格尊严，学校应当保护未成年学生的人身安全和健康，学校应当保护特殊群体未成年学生。《未成年人学校保护规定》落实了《中华人民共和国未成年人保护法》中关于"学校保护"的规定，系统整合并创新完善了学校未成年人保护制度。《未成年人学校保护规定》分为一般保护、专项保护、管理要求和保护机制等章节，全面构建了学校保护制度体系，就社会关注的热点问题，如学生欺凌、校园性侵害等，建立完善了相应的专门制度。

《未成年人学校保护规定》遵循全面保护的原则，依据《中华人民共和国宪法》《中华人民共和国民法典》《中华人民共和国未成年人保护法》《中华人民共和国教育法》等法律，专设"一般保护"一章系统规定学校应当尊重和保护的未成年人基本权利，包括在校园内的平等权、生命健康与自由权、人格权、隐私权、受教育权、休息权、财产权、肖像权和知识产权、参与权、申诉权等权利。

《未成年人学校保护规定》按照《中华人民共和国未成年人保护法》的规定，针对学生欺凌、校园性侵害等社会关注度高、对学生合法权益损害重大的问题，构建了专项保护制度，完善了相应的防治工作机制。构建防治学生欺凌的规则体系，明确从预防、教育、干预制止到认定调查、处置等方面的防控具体要求，特别细化了构成学生欺凌的情形和认定规则，便于学校把握和运用。同时，完善校园性侵害、性骚扰的防治规定，要求学校建立

健全管理制度，建立预防、报告、处置性侵害工作机制，明确了禁止教职工与学生谈恋爱等行为"红线"。

《未成年人学校保护规定》结合学校未成年人保护的特点和需要，全面规定学校应当建立和实施的管理制度，包括校规管理、教学管理、作业管理、读物管理、安全管理、药品管理、体质管理、心理健康、手机管理、网络管理、禁烟禁酒、教职工准入管理、聘用管理、教职工日常管理、校车管理、周边管理等具体制度，廓清学校管理的制度框架与要求。

《未成年人学校保护规定》创新和完善学校未成年人保护工作机制，明确教育等部门的支持监督措施，补齐短板弱项，提出首问负责制、指定学生保护专兼职监察员等机制，为学校未成年人保护工作提供有力支撑。规定教育部门、学校及教职工不履行责任的具体处理办法，细化和完善法律责任，为下一步加强管理问责提供更为明确的依据。

（四）以适当方式为受教育者及其监护人了解受教育者的学业成绩及其他有关情况提供便利

学校保障受教育者及其监护人了解受教育者本人的学业成绩和在校表现等的知情权，是加强学校教育与家庭教育联系和沟通的需要，也是保证学生在学业方面受到公正评价的一种途径。所谓"适当方式"是指学校通过设立"家长接待日""家长会议""教师家访"等合法的、正当的方式，保障家长及其他监护人、学生本人的知情权。但学校不得以"考试成绩排队""公布学生档案"等非法的、侵犯学生合法权益的方式进行。所谓"提供便利"一般包括两个方面：一是学校不得拒绝受教育者及其监护人了解学业成绩、在校表现等情况的请求；二是学校应当提供便利条件，帮助受教育者及其监护人行使此项知情权。学校在履行此项义务时，要特别注意不得侵犯受教育者的隐私权。

（五）遵照国家有关规定收取费用并公开收费项目

公立学校是公益性机构，应当根据办学性质的不同，严格按照中央和地方各级政府及其有关部门的收费规定，确定收取费用的具体标准，不得巧立名目，乱收费用。同时，收费项目应向社会公开，接受家长和社会各界的监督，维护办学机构的公益性质。

根据《教育法》第七章"教育投入与经费保障"中的相关规定和1999年6月《关于深化教育体制改革全面推进素质教育的决定》的规定，政府的教育拨款主要用于保证普及义务教育和承担普通高等教育的大部分经费，地方各级人民政府要确保义务教育的资金投入并做到专款专用。在我国，国家财力有限，不可能实行全免费教育。在非义务教育阶段，需要适当增加学生缴纳的学费在培养成本中的比例，建立财政教育拨款政策和教育成本分担机制。因此，高级中学等非义务教育学校实行收费教育，省、自治区、直辖市地方人民政府应制定收取费用的项目、用途、数额及其他相关事项的规定，保护学生的合法权益。

（六）依法接受监督

学校对各级权力机关、行政机关依法进行的检查、监督以及社会各界依法进行的监督，应当积极予以配合，不得拒绝，更不得妨碍检查、监督工作的正常进行。

第三节　学校伤害事故的处理与预防

一、学生伤害事故的概念

学生伤害事故是指在学校实施的教育教学活动或者学校组织的校外活动中，以及在学校负有管理责任的校舍、场地、其他教育教学设施、生活设施内发生的，造成在校学生人身损害后果的事故。学生在学校发生的伤害事故类型主要有校园设施安全事故、教育教学安全事故、食品安全事故、交通安全事故等。

二、学生伤害事故处理的法律依据

学生伤害事故处理的法律依据有《中华人民共和国民法典》《教育法》《学生伤害事故处理办法》《未成年人保护法》《中小学幼儿园安全管理办法》《中小学公共安全指导纲要》《校车安全管理条例》《中小学安全工作指南》《中小学幼儿园应急疏散演练指南》等。

（一）《中华人民共和国民法典》对事故与责任的认定

《中华人民共和国民法典》（以下简称《民法典》）第七编"侵权责任"中有以下规定。

第一千一百九十九条　无民事行为能力人在幼儿园、学校或者其他教育机构学习、生活期间受到人身损害的，幼儿园、学校或者其他教育机构应当承担侵权责任；但是，能够证明尽到教育、管理职责的，不承担侵权责任。

第一千二百条　限制民事行为能力人在学校或者其他教育机构学习、生活期间受到人身损害，学校或者其他教育机构未尽到教育、管理职责的，应当承担侵权责任。

第一千二百零一条　无民事行为能力人或者限制民事行为能力人在幼儿园、学校或者其他教育机构学习、生活期间，受到幼儿园、学校或者其他教育机构以外的第三人人身损害的，由第三人承担侵权责任；幼儿园、学校或者其他教育机构未尽到管理职责的，承担相应的补充责任。幼儿园、学校或者其他教育机构承担补充责任后，可以向第三人追偿。

（二）《中华人民共和国教育法》对事故与责任的认定

《教育法》第七十三条规定："明知校舍或者教育教学设施有危险，而不采取措施，造成人员伤亡或者重大财产损失的，对直接负责的主管人员和其他直接责任人员，依法追究刑事责任。"

（三）《学生伤害事故处理办法》对事故与责任的认定

《学生伤害事故处理办法》明确了学生伤害事故与责任、处理程序、事故损失的赔偿、责任者的处理等事项。对于事故与责任的认定，《学生伤害事故处理办法》第九条至第十三条明确规定了各主体是否承担责任的各种情形。

1. 学校应当依法承担相应责任的情形

（1）学校的校舍、场地、其他公共设施，以及学校提供给学生使用的学具、教育教学和生活设施、设备不符合国家规定的标准，或者有明显不安全因素的；

（2）学校的安全保卫、消防、设施设备管理等安全管理制度有明显疏漏，或者管理混乱，存在重大安全隐患，而未及时采取措施的；

（3）学校向学生提供的药品、食品、饮用水等不符合国家或者行业的有关标准、要求的；

（4）学校组织学生参加教育教学活动或者校外活动，未对学生进行相应的安全教育，并未在可预见的范围内采取必要的安全措施的；

（5）学校知道教师或者其他工作人员患有不适宜担任教育教学工作的疾病，但未采取必要措施的；

（6）学校违反有关规定，组织或者安排未成年学生从事不宜未成年人参加的劳动、体育运动或者其他活动的；

（7）学生有特异体质或者特定疾病，不宜参加某种教育教学活动，学校知道或者应当知道，但未予以必要的注意的；

（8）学生在校期间突发疾病或者受到伤害，学校发现，但未根据实际情况及时采取相应措施，导致不良后果加重的；

（9）学校教师或者其他工作人员体罚或者变相体罚学生，或者在履行职责过程中违反工作要求、操作规程、职业道德或者其他有关规定的；

（10）学校教师或者其他工作人员在负有组织、管理未成年学生的职责期间，发现学生行为具有危险性，但未进行必要的管理、告诫或者制止的；

（11）对未成年学生擅自离校等与学生人身安全直接相关的信息，学校发现或者知道，但未及时告知未成年学生的监护人，导致未成年学生因脱离监护人的保护而发生伤害的；

（12）学校有未依法履行职责的其他情形的。

2. 学生或者未成年学生监护人应当依法承担相应责任的情形

（1）学生违反法律法规的规定，违反社会公共行为准则、学校的规章制度或者纪律，实施按其年龄和认知能力应当知道具有危险或者可能危及他人的行为的；

（2）学生行为具有危险性，学校、教师已经告诫、纠正，但学生不听劝阻、拒不改正的；

（3）学生或者其监护人知道学生有特异体质，或者患有特定疾病，但未告知学校的；

（4）未成年学生的身体状况、行为、情绪等有异常情况，监护人知道或者已被学校告知，但未履行相应监护职责的；

（5）学生或者未成年学生监护人有其他过错的。

3. 其他情形

学校安排学生参加活动，因提供场地、设备、交通工具、食品及其他消费与服务的经营者，或者学校以外的活动组织者的过错造成的学生伤害事故，有过错的当事人应当依法承担相应的责任。

学校已履行了相应职责，行为并无不当的，因下列情形之一造成的学生伤害事故的无法律责任：①地震、雷击、台风、洪水等不可抗的自然因素造成的；②来自学校外部的突发性、偶发性侵害造成的；③学生有特异体质、特定疾病或者异常心理状态，学校不知道或者难于知道的；④学生自杀、自伤的；⑤在对抗性或者具有风险性的体育竞赛活动中发生意外伤害的；⑥其他意外因素造成的。

还有一些情形造成学生人身损害后果的事故，学校行为并无不当的，不承担事故责任，事故责任应当按有关法律法规或者其他有关规定认定：①在学生自行上学、放学、返校、离校途中发生的；②在学生自行外出或者擅自离校期间发生的；③在放学后、节假日或者假期等学校工作时间以外，学生自行滞留学校或者自行到校发生的；④其他在学校管理职责范围外发生的。

三、学生伤害事故责任适用的归责原则

（一）归责原则的概念

归责原则是确定行为人民事责任的理由、标准或根据。归责原则是在以社会经济生活条件为基础的法律上用以确定行为人责任的指导思想的具体体现。

（二）归责原则的类型

归责原则是民事侵权行为理论中的核心问题，它确定了行为人实施的侵权行为所要承担的民事责任的根据和标准。以下是对归责原则类型的详细介绍。

1. 过错责任原则

过错责任原则也叫过失责任原则，它是以行为人主观上的过错为承担民事责任的基本条件的认定责任的准则。行为人是否有过错是核心问题，无过错即无责任。按过错责任原则，行为人仅在有过错的情况下，才承担民事责任。没有过错，就不承担民事责任。过错责任原则是确定校园伤害事故学校民事责任最主要的归责原则，适用过错责任原则是由中小学与未成年学生

之间存在的教育、管理和保护关系所决定的。中小学校不是未成年学生的监护人，不承担监护责任。未成年学生在学校受到的人身伤害属一般侵权行为，承担该行为引发的损害赔偿责任的前提必须是责任主体有过错，即只有在学校有过错的情况下才需负责任，过错越大所负责任越大，若学校无过错则无须承担任何责任。

2. 无过错责任原则

无过错责任原则是指在法律有特别规定的情况下，不考虑行为人对损害的发生有无过错，都要承担民事责任的归责原则。我国法律对无过错责任原则的适用范围有专门规定，在法律无明文规定的情形下不得适用。它是民法归责原则中的一种特殊原则。如学校领域中无民事行为能力人、限制民事行为能力人致人损害的，其监护人按照无过错责任原则需要承担相应责任。

中小学校在学生伤害事故中承担无过错责任的情形主要包括以下几种。

（1）教职工体罚或变相体罚学生造成的事故。教师在教育教学活动中，若体罚或变相体罚导致学生损害，不论学校是否有过错，都需承担责任。这种责任的性质是替代责任，即学校在承担责任后有权向教师追偿。

（2）校车肇事导致的学生交通事故。若学校提供校车，在接送学生途中发生道路交通事故导致学生伤害，适用无过错责任原则，由学校承担侵权责任。除非学校能证明存在减轻或免除责任的法定事由，否则不能减轻或免除赔偿责任。

（3）学校出售给学生的缺陷产品造成的事故。若学校出售给学生的食品、药品等存在缺陷并导致学生伤害，即使学校在购买时不存在过错，也需承担产品质量责任。学校在赔偿后有权向生产者追偿。

（4）学校饲养或管理的动物造成的事故。若学校饲养或管理的动物（如看门狼狗、做实验用的动物等）导致学生伤害，学校应承担赔偿责任。但若有证据证明伤害由受害人或第三人引起，学校可免予承担赔偿责任。

（5）学校设施脱落、坠落造成的事故。若学校校舍、设施或搁置物、悬挂物脱落、坠落导致学生伤害，学校应承担侵权责任。若存在责任人，学校在赔偿后有权向责任人追偿。

3. 公平责任原则

公平责任原则是指当事人双方在对造成损害均无过错的情况下，由法院（法官）根据公平的观念，综合考虑当事人财产状况、支付能力等情况，确定一方对另一方的损失给予适当补偿的法律责任归责。这一原则主要适用于双方均无过错，且不能适用无过错责任原则的情形。运用此原则时须注意，归责时仍然考虑过错，只是损害事实的发生并不是当事人的过错，而是由第三方介入或者不可抗拒力因素造成的。

公平责任原则在学生伤害事故处理的实践中很容易被误用。学生伤害事故处理事件中存在着对过错认定的模糊性、学校责任的过度推断、对财产状况的过度考虑，以及法定原则和人道主义原则的混淆等原因，一些现实案例中不论学生及监护人甚至第三方是否有过错，学校最后都承担了赔偿责任。随着教育领域法治化的不断增强，师生以及家长对法律的认识会逐步增强，希望公平责任原则在学校伤害事故中有效运用，平衡保障各方权益。

四、学生伤害事故的处理程序和途径

《学生伤害事故处理办法》明确了学生伤害事故处理的程序和途径。

（一）现场处理的程序

学生伤害事故现场处理的程序如下。

（1）紧急救助。立即查看学生伤情，确保现场环境安全，避免二次伤害。若有必要，立即拨打120急救电话，同时通知学校医务室或附近医疗机构前来救援。对受伤严重的学生进行紧急止血、包扎、心肺复苏等初步急救措施。

（2）保护现场。尽可能保持事故现场的原始状态，不要随意移动伤者或破坏现场物品。安排专人保护现场，防止无关人员进入和破坏现场。

（3）通知相关人员。迅速通知学校领导、班主任、学生家长或监护人。若事故涉及其他人员或单位，如校外人员、施工单位等，应及时通知相关责任方。

（4）收集证据。对事故现场进行拍照、录像，记录现场情况。寻找目击证人，记录他们的联系方式和证言。收集与事故有关的物品，如凶器、破损的设施设备等。

（5）安抚学生情绪。对受伤学生进行心理安抚，缓解其紧张和恐惧情绪。对周围学生进行情绪疏导，避免造成恐慌。

（6）配合后续调查。向赶来的急救人员、学校领导和相关部门人员详细说明事故经过。积极配合有关部门对事故的调查处理，如实提供相关信息和证据。

（二）处理的法律途径

1. 协商

双方当事人可以自行协商解决，也可以在第三方的主持下进行调解。协商解决的优点是程序简单、快捷，可以避免诉讼的繁琐和费用。但协商解决需要双方当事人自愿、平等、诚信，否则可能无法达成一致。

2. 调解

可以由教育行政部门、人民调解委员会等第三方组织进行调解。调解解决的优点是具有一定的专业性和权威性，可以帮助双方当事人更好地沟通协商，达成和解。但调解解决也需要双方当事人自愿、配合，否则可能无法成功。

3. 诉讼

如果协商和调解都无法解决问题，双方当事人可以向人民法院提起诉讼。诉讼解决的优点是具有法律效力，可以强制双方当事人履行判决。但诉讼解决的程序复杂、时间较长、费用较高，而且结果不一定能够完全满足双方当事人的期望。

五、学生伤害事故损害的赔偿

《学生伤害事故处理办法》对学生伤害事故损害的赔偿有明确的规定。

（一）学校的赔偿责任

学校对学生伤害事故负有责任的，根据责任大小，适当予以经济赔偿。学校无责任的，如果有条件，可以根据实际情况，本着自愿和可能的原则，对受伤害学生给予适当的帮助。

（二）追偿权

因学校教师或者其他工作人员在履行职务中的故意或者重大过失造成的学生伤害事故，学校予以赔偿后，可以向有关责任人员追偿。

（三）监护人赔偿

未成年学生对学生伤害事故负有责任的，由其监护人依法承担相应的赔偿责任。

（四）学校赔偿金的筹措

应当由学校负担的赔偿金，学校应当负责筹措；学校无力完全筹措的，由学校的主管部门或者举办者协助筹措。

（五）保险机制

学校有条件的，应当依据保险法的有关规定，参加学校责任保险。提倡学生自愿参加意外伤害保险。

总之，学生伤害事故的处理与赔偿需要学校、家长和有关部门共同努力，遵循合法、公正、合理的原则，妥善解决赔偿等问题，保护学生的合法权益。

第四节　学校治理中的法律风险与规避

一、法律风险的概念

法律风险是指学校因不懂法、不守法、不用法而带来的一些否定性评价，并给学校带来经济、声誉等方面的损失。作为教师或学校管理者，在教育教学中，在管理过程中，由于侵犯学生的相关权益，可能引起学生或学生家长的申诉或起诉，从而承担相应的法律责任。

二、学校治理中损害学生的法律风险表现形式

在学校治理中，损害学生的法律风险表现形式多种多样，这些风险可能源于学校的硬件设施、安全管理、教育管理方式、制度管理等多个方面，列举以下几种常见的情形：

（一）学校"硬件"设施存在安全隐患，可能导致未成年学生人身损害的风险

学校"硬件"设施致未成年学生损害，常见的有校舍、教室、学校办公楼及其搁置物、悬挂物发生脱落、坠落，或是建筑物、构筑物及其他设施以及其堆放物倒塌，林木折断，对地下设施管理不当等发生的人身损害。而学校因为学生密集，学校管理范围内的教育、生活设施如果存在安全问题，或是管理、维护不当，也容易发生重大安全事故。

（二）学校在安全管理上存在过错或隐患，因未履行注意义务、未采取安全措施而产生的风险

学校的安全保卫、消防、设施设备管理等安全管理制度有明显疏漏，或是存在安全隐患而未及时采取措施；学校向学生提供的药品、食品、饮用水等用品时，未进行必要的审查和注意，导致发生食物中毒或其他事故；学校组织学生参加教育教学活动或者校外活动，未对学生进行相应的安全教育，也未在可预见的范围内采取必要的安全措施；组织或者安排未成年学生从事不宜未成年人参加的劳动、体育运动或者其他活动；对有特异体质或者特定疾病的未成年人，学校未履行必要的注意义务和保障义务，如发现未成年学生行为具有危险性，但未进行必要的管理、告诫或者制止。

（三）学校教职工存在对未成年人的教育管理方式、方法违法、违规构成侵权的风险

教师对未成年人实施体罚、变相体罚或者其他侮辱人格尊严的行为，是法律明确禁止的行为。出现此类行为，教职工和学校将承担相应的法律责任；后果严重，致未成年学生死亡的，责任人还可能涉嫌故意伤害、过失致人死亡的刑事犯罪。

（四）学校存在未履行防止损害扩大或加重义务的风险

《未成年人保护法》第三十七条规定："未成年人在校内、园内或者本校、本园组织的校外、园外活动中发生人身伤害事故的，学校、幼儿园应当立即救护，妥善处理，及时通知未成年人的父母或者其他监护人，并向有关部门报告。"这实际上明确了学校在发生人身意外伤害时，学校还负有防止损害加重或扩大的义务，例如学生在校期间因自身原因突发疾病或者受到伤害的情形下，若学校发现，有根据实际情况及时采取相应措施，防止不良后果加重的义务；在第三人对未成年人学生进行伤害的情形下，同样负有采取必要措施防止伤害扩大的义务。

（五）学校存在未履行告知与未成年人人身安全直接相关信息的风险

结合相关规定，对未成年学生擅自离校等与学生人身安全直接相关的信息，学校发现或者知道后，有及时告知未成年学生的监护人的义务。未成年学生的身体状况、行为、情绪等有异常情况时，学校应当告知未成年人的监护人。

（六）学校在聘用、任命教职工上存在明显过错的风险

学校知道教师或者其他工作人员患有不适宜担任教育教学工作的疾病，但未采取必要措施的，如学校在聘用教职工上存在过错，没有按相关规定进行审查，聘用了患有间歇性精神病的人员担任学校教职工，若其精神病发作对在校未成年人造成伤害，学校要承担责任；又如学校教职工患传染性疾病，学校知道或应当知道而没有采取必要措施的。

三、学校法律风险规避的策略

学校在日常运营中面临着各种法律风险，采取有效的规避策略至关重要。以下将从不同方面阐述学校法律风险规避的策略。

（一）确保硬件设施的安全，排除安全隐患，防止硬件设施对未成年人的损害

《中小学幼儿园安全管理办法》第十八条规定："学校应当建立校内安全定期检查制度和危房报告制度，按照国家有关规定安排对学校建筑物、构筑物、设备、设施进行安全检查、检验；发现存在安全隐患的，应当停止使用，及时维修或者更换；维修、更换前应当采取必要的防护措施或者设置警示标志。学校无力解决或者无法排除的重大安全隐患，应当及时书面报告主管部门和其他相关部门。"除了教室、办公楼、围墙等，学校比较容易忽视的是附在建筑物上的悬挂物、搁置物的安全问题以及树木、地下设施等的安全问题。学校须履行设置警示标志和采取安全防护措施的义务，避免承担侵权责任。对学校范围内的电力设施、正在施工维修的地下设施、其他建筑等，除了要设置警示标志，必要时还要采取安全防护措施。

（二）制定必要的应对各种灾害、传染性疾病、食物中毒、意外伤害等突发事件的预案，明确学校教职工的责任和基本做法

履行学校的法定义务，防止损害进一步扩大，后果进一步加重，这也是法律规定的学校的义务。客观来说，校外人员对在校未成年学生的伤害案件中，有些案件的发生是因为学校在管理方面存在问题，但有些案件则是以学校目前的安保能力确实难以预防和制止的，因此，这个问题应由学校、教育主管部门和政府共同采取措施解决。但对学校内突发的伤害事件或重大安全事故，学校应当制定预案，明确学校领导、班主任、其他教职工的职责，在事件发生时能及时有效处置，防止损害后果加重。

（三）学校教师应当恪守教师职业道德和规范，提高安全意识，在可预见的范围内对学生进行必要的教育管理

学校教师要时刻恪守教师职业道德与规范，将其内化于心、外化于行，通过不断学习与反思提升自身道德素养。同时，要牢固树立安全意识，敏锐洞察并充分预判校园中可能出现的安全风险。在日常教学与管理中，针对可预见范围内的各类情况，如校园活动、课堂纪律、人际交往等，对学生进行全面且必要的教育引导与管理，不仅要传授知识，更要注重培养学生的安全意识、自我保护能力和良好行为习惯，营造安全、和谐、有序的校园环境。

（四）完善学生信息安全通报制度，履行告知未成年人监护人相关信息的义务

建立健全信息沟通机制，确保学校与学生监护人之间的信息畅通。《中小学幼儿园安全管理办法》第二十四条规定："学校应当建立学生安全信息通报制度，将学校规定的学生到校和放学时间、学生非正常缺席或者擅自离校情况，以及学生身体和心理的异常状况等关系学生安全的信息，及时告知其监护人。"对未成年学生擅自离校等与学生人身安全直接相关的信息，学校发现或者知道后，应及时告知未成年学生的监护人。未成年学生的身体状况、行为、情绪等有异常情况时，学校应当及时告知未成年人的监护人，共同关注学生的健康成长。

（五）完善教育管理细节，注重证据意识，提高举证责任能力，以规避法律风险

未成年学生在学校发生人身伤害或其他安全事故时，免除学校责任的前提是学校已经尽到教育和管理的职责。学校是否尽到教育和管理的职责，在诉讼中是由学校来举证的，要靠证据来证明的，如果学校不注重证据的保存和收集，在诉讼中不能证明已经尽到教育和管理的义务，就存在承担法律责任和败诉的风险。

（六）完善风险转移制度，通过购买保险的方式来转移风险并提高风险的承担能力

学校应当为学生提供安全的学习和生活环境，但并不能完全避免伤害事故的发生。因此，鼓励学生和家长购买保险作为一种补充措施，既能减轻学校和家庭的经济负担，又能降低学校在应对可能发生的伤害事故时的责任风险。

总之，规避学校法律风险，教师要恪守规范、提升安全意识并做好教育管理。学校需健全制度，加强教师法律培训，与家校社协作，排查设施隐患，提前评估预警，妥善处理问题。

一、课后思考

1. 名词解释：学校法律地位、法人、学校的权利、学校的义务、法律风险。
2. 学校有什么样的法律地位？有什么特点？

3.《中华人民共和国教育法》中规定学校举办的条件有哪些?

4.《中华人民共和国教育法》中规定学校的权利有哪些?

5.《中华人民共和国教育法》中规定学校的义务有哪些?

6. 如何防范学校治理中的法律风险?

二、教师资格考试真题练习

1.【单选题】学校不履行法律法规规定的义务,情节严重或者造成严重后果,根据有关法律规定,(   )要承担相应的法律责任。

A. 学校负责人和有关直接负责人   B. 校长

C. 学校负责人   D. 有关直接负责人

2.【单选题】某寄宿小学派车接送学生,途中有学生提出要上厕所,司机在路边停车5分钟,5分钟过后,司机没有清点人数就将车开走。学生王某从厕所出来发现车已经开走,急忙追赶。在追赶过程中摔倒在地,将门牙跌落三颗。王某的伤害由(   )。

A. 某寄宿学校负责   B. 司机负责

C. 司机和某寄宿学校共同负责   D. 司机和王某共同负责

3.【单选题】按照《中华人民共和国教育法》的规定,对在校园内结伙斗殴,寻衅滋事,扰乱学校及其他教育机构教育教学秩序或者破坏校舍、场地及其他财产的,由(   )来处罚。

A. 公安机关   B. 学校

C. 教育主管部门   D. 家长

4.【单选题】以下举例中有属于校方有故意造成校园事故伤害的是(   )。

A. 学校采用未经建筑部门批审的图纸建设围墙,围墙倒塌造成学生伤亡

B. 体育课间篮球架上的篮球脱落将学生砸伤

C. 晚自习下课时发生学生踩踏事件

D. 学生之间出现争执打架,互相受伤

5.【单选题】在校园伤害事故的处理中,(   )是不能被采用的。

A. 公平责任原则   B. 过错责任原则

C. 无过错责任原则   D. 学校承担一切责任原则

6.【单选题】下列校园伤害事故中教师需要承担责任的是(   )。

A. 学生考试作弊被老师发现,该生在学校给予通报批评处分的当天服毒自杀

B. 学生不遵守纪律被老师罚跑操场100圈,学生在受罚过程中休克

C. 王、李俩初中学生在课间嬉闹,老师已给予告诫,但学生并未听从,后李不慎将王推倒导致左臂骨折,老师发现后及时送医并通知家长

D. 学生吴某在上课期间突然发生抽搐，老师发现后及时送医院并尽快通知家长

7.【单选题】目前，解决校园伤害事故赔偿金来源最有效的途径是（　　）。

A. 参加学校责任险 　　　　　　　　　B. 建立教师责任险

C. 学校自筹资金 　　　　　　　　　　D. 教育行政部门协助解决

8.【单选题】（　　）应当建立健全安全制度和应急机制，对学生进行安全教育。

A. 国家 　　　　　　　　　　　　　　B. 学校

C. 当地人力资源和社会保障局 　　　　D. 县级以上地方人民政府

9.【单选题】《中华人民共和国教育法》赋予了学校自主管理权，但自主管理权不是无限的，而应该有一个基本的遵循，因此，（　　）是学校自主管理的基本依据。

A. 校长 　　　　　B. 教师 　　　　　C. 学生 　　　　　D. 章程

10.【单选题】某中学组织学生春游，学校领导怕出安全事故，便与学生家长签订"安全协议"，协议规定，只要家长同意学生参加春游，出了事，学校概不负责。请问，万一学生出了事，学校真的不负责吗？（　　）

A. 要根据具体情况来判断，如果是学校的原因，学校就要承担责任；如果是学生的原因，而学校也履行了相应的职责，行为并无不当的，就要由学生或者其监护人承担责任

B. 因为是学校把学生领出去的，所以，不论学生因为什么原因出了安全事故，学校都要负责

C. 学校不承担责任，因为事先已签订了"安全协议"

D. 都由学校和学生共同承担责任

11.【单选题】下列哪些校园伤害事故学校行为并无不当时可以免除学校责任（　　）。

①洪水、海啸、地震 　　　　　　　　②学生自杀、自伤

③学生本人或学生之间偶发的意外行为 　④学生突发疾病

A. ①②③④ 　　　　B. ①② 　　　　　C. ③④ 　　　　　D. ②③④

12.【单选题】校园伤害事故责任者主要包括（　　）。

①政府及相关职能部门直接负责的主管人员和其他直接责任人

②教育行政部门直接负责的主管人员和其他责任人员

③学校直接负责的主管人员和其他直接责任人员

④学校教师及其他工作人员

⑤学生

⑥受伤害学生的监护人、亲属或其他有关人员

A. ①②③④⑤⑥ 　　B. ①② 　　　　　C. ④⑤⑥ 　　　　D. ①②③

13.【单选题】某中学组织春游，老师事先已反复讲了注意事项和要遵守的纪律，可高一某学生却对此置若罔闻，攀爬公园内标有"禁止攀登"告示的假山，导致摔伤。根据

《学生伤害事故处理办法》的规定，你认为该为此事负责的是（　　　　）。

  A. 学校和他自己

  B. 学校负责，因为老师没看住这个学生

  C. 学校负责，因为春游是学校组织的

  D. 他自己负责，因为他违反了纪律

第五章　教师——依法执教

学习目标：

　　1. 了解教师的法律地位，理解和掌握教师的权利和义务、国家教师制度，熟悉国家有关教育法律法规所规范的教师教育行为。

　　2. 理解教师在职场中遇到的常见侵权行为，防范教师在教学工作中的法律风险。

　　3. 体会教师在职场生活中的法律行为边界，形成教师的教育责任意识。

问题情景：

　　据报道，一位年轻女老师为了维持课堂秩序，给一名爱说话的小男孩戴上了"小蜜蜂"。这位老师把视频分享到网络，引起热议。起初该老师的这一做法在网上获得赞誉，被认为是一种管理学生的创新方法。然而，事情很快出现转折。随着视频播放量的增加，学生家长害怕对孩子产生影响，要求老师将该视频下架，随后，由于该老师收到投诉，迫于多方压力选择离职。对此，有网友认为，老师的这种方法很棒，老师没什么错，不该被投诉。也有网友认为，虽然老师的方法很好，但不应该把孩子的视频发到网上。

　　问题：请结合教师的相关义务，对这位年轻女老师的行为进行评议。

第一节　教师的法律地位

　　教育的发展离不开教师，教师在人类文化的传承和学生健康发展中具有不可替代的独特作用。随着一系列教育法律法规的颁行，明确了教师职业的界定，教师的发展也有了法律保障。

一、教师的法律地位的概念

　　根据《教师法》和《教育法》的规定，法律意义上的"教师"是指履行教育教学职责的专业人员，肩负教书育人、培养社会主义事业建设者和接班人、提高民族素质的使命。教师的法律地位是指教师以其权利能力和行为能力在具体法律关系中取得的一种主体资格，由法律确认和赋予。

二、我国教师的法律地位

教师的法律地位是指法律对教师职业的定位，可以从教师的职业特征、形式特征和表现形式三个方面来理解。

（一）教师是履行教育教学职责的专业人员

履行教育教学职责是教师地位的本质特征，是教师概念的内涵。履行教育教学、教书育人职责是教师的职业特征，只有直接承担教育教学工作职责的人，才具备教师最基本的条件。专业人员是教师的身份特征。1995年12月颁布的《教师资格条例》和2000年9月颁布的《〈教师资格条例〉实施办法》，通过资格认定来体现对教师专业职业的要求。为了保持和提升教师的专业化水平，世界各国通过立法建立起完备的教师专业制度。要求教师职业的从业者必须通过专门训练和终身学习，掌握系统的专业知识，培养健全的教育能力，具备高尚的职业道德操守。因此，教师同医生、律师一样，是从事专门职业活动的专业人员。教师必须具备规定的从事教育教学活动的资格，符合特定的要求，具体包括：达到规定的相应学历；具备相应专业知识；符合与其职业相称的其他有关规定，如语言表达能力、身体健康状况等。

（二）教师必须从教于各级各类学校或者其他教育机构

必须从教于各级各类学校或者其他教育机构是教师地位的形式特征。《教师法》第二条规定："本法适用于在各级各类学校和其他教育机构中专门从事教育教学工作的教师。"从教于"各级各类学校"是指实施学前教育、普通初等教育、普通中等教育、职业教育、普通高等教育，以及特殊教育、成人教育的学校。从教于"其他教育机构"包括少年宫、地方教研室、电化教育馆等机构。教师既包括公办学校的教师，也包括民办学校的教师，还包括社会力量举办的学校的教师。

（三）教师具有特定的权利和义务

在法律上，教师具有两重身份：一方面，教师作为普通公民，享有一般公民的权利和义务；另一方面，教师作为从事教育工作的专业人员，享有教师职业特定的权利和义务，与教师职务和职责紧密相连。教师的权利和义务始于其取得教师资格并在学校或其他教育机构任职，终于解聘。未取得教师资格而任职的，不具有此项基本权利和义务。同时，各级各类学校教师的权利和义务内容，也因其履行教育教学职责的具体情况而有所不同。

教师的权利和义务是其履行教育教学职责的要求和基本保证。当教师以教育者身份出现时，其与职责相关的权利和义务从某种意义上说是代表国家和社会利益，带有一定的"公务"性质，是不能随意放弃的。如教师对学业成绩差需要给予学业帮助的学生不管不问，实际上是没有履行教师的职责。

　　同时，教师特定的权利和义务要得到充分享有，也需要适应社会、经济发展水平和文化传统等，并从中给予保证。随着经济的发展，国家能够投入更多的资金和资源用于教育事业，如提高教师的待遇、改善教学设施、提供丰富的教育资源等。这些都为教师行使权利、履行义务提供了坚实的物质基础。

第二节　教师的权利

一、教师权利的概念

　　权利是法律规定的作为或不作为的自由。法律上的教师权利是指教师在教育活动中享有的由教育法赋予的权利，是国家对教师在教育活动中可以做的或不可以做的一定行为的许可与保障。当教师的权利受到侵害时，有权诉诸法律，要求确认和保护其权利。

　　教师的权利可以分为两个部分：一是教师作为公民所享有的各种权利，可称为教师的公民权利；二是作为教师基于教育法规所享有的权利，可称为教师的职业权利。这两部分权利既相互联系，又相互区别。此外，各国因政治、经济、文化等因素各异。工作于不同阶段和不同类型学校的教师，其享有的权利在某种程度上有所区别，义务教育阶段的教师不同于非义务教育阶段的教师，他们享有的权利具有任职阶段的特点。

二、教师的公民权利

　　公民权，是指一国公民在该国法律上所拥有、为政府所保障的公民的基本权利，它是根据宪法、法律的规定，公民享有参与公共社会生活的权利。《宪法》第三十三条第一款规定："凡是具有中华人民共和国国籍的人都是中华人民共和国公民。"教师作为我国的公民，理应平等地享有宪法规定的公民权利。作为普通公民，享有宪法规定的公民的基本权利，如平等权、政治权利、宗教信仰和自由，社会经济和文化权利、人身自由权、受教育权利以及监督权等。

三、教师的职业权利

　　教师的职业权利主要是指法律赋予教师在履行职责时所享有的权利。《教师法》第七条明确规定教师的基本权利如下。

（一）教育教学权

　　教育教学权是教师最基本的权利。教育教学权强调教师具有进行教育教学活动，开展教育教学改革和实验的权利。作为教师，有权依据其所在学校的教学计划、教育工作量等具体要求，结合自身教学特点，自主地组织课堂教学；有权依照教学大纲的要求确定其教学内容、进度，不断完善教学内容；有权针对不同的教育教学对象，在教育教学的形式、方法、具体内容等方面进行改革和实验。任何人不得非法剥夺在聘教师行使这一基本权利。而不具备教师资格的人不得享有这项权利。虽取得教师资格，但尚未受聘或已被解聘的人员，此项权利的行使处于停顿状态，待任用时方能行使这一权利。学校及其他教育机构依法解聘教师的，不属于侵犯教师权利的行为。

（二）科学研究权

科学研究权是教师作为专业技术人员所享有的一项基本权利。科学研究权强调教师具有从事科学研究、学术交流，参加专业学术团队，在学术活动中发表意见的权利。作为教师，在完成规定的教育教学任务的前提下，有权进行科学研究、技术开发、撰写学术论文、著书立说；有权参加有关的学术交流活动，参加依法成立的学术团体并在其中兼任工作；有权在学术研究中发表自己的学术观点，开展学术争鸣。教师在行使此项权利时，要注意处理好教学与科研的关系，使之相辅相成，更好地提高教育教学质量。

（三）管理学生权

管理学生权是教师在教育教学过程中与其主导地位相适应的一项基本权利。管理学生权强调教师具有指导学生的学习和发展，评定学生的品行和学业成绩的权利。作为教师，有权根据教育规律和学生的身心发展特点，因材施教，有针对性地指导学生的学习，并在学生的升学、就业等方面给予指导；有权对学生的思想品德、学习、文体活动、劳动等方面给予客观公正的评价；有权运用正确的指导思想和科学的方式方法，使学生的个性和能力得到充分发展。教师在行使管理学生权时，要注意加强对学生的各方面管理，将关心爱护学生与严格要求相结合，促进学生德、智、体等方面全面发展。

教师在管理学生过程中，可以适当地使用惩戒权。2021年3月1日起施行的《中小学教育惩戒规则（试行）》规定了教师的惩戒权，教师在课堂教学、日常管理中，对违规违纪的学生视情节轻重，可以实施一般惩戒、较重惩戒和严重惩戒。

《中小学教育惩戒规则（试行）》第七条规定："学生有下列情形之一，学校及其教师应当予以制止并进行批评教育，确有必要的，可以实施教育惩戒：①故意不完成教学任务要求或者不服从教育、管理的；②扰乱课堂秩序、学校教育教学秩序的；③吸烟、饮酒，或者言行失范违反学生守则的；④实施有害自己或者他人身心健康的危险行为的；⑤打骂同学、老师，欺凌同学或者侵害他人合法权益的；⑥其他违反校规校纪的行为。学生实施属于预防未成年人犯罪法规定的不良行为或者严重不良行为的，学校、教师应当予以制止并实施教育惩戒，加强管教；构成违法犯罪的，依法移送公安机关处理。"

《中小学教育惩戒规则（试行）》第八条规定："教师在课堂教学、日常管理中，对违规违纪情节较为轻微的学生，可以当场实施以下教育惩戒：①点名批评；②责令赔礼道歉、做口头或者书面检讨；③适当增加额外的教学或者班级公益服务任务；④一节课堂教学时间内的站立；⑤课后教导；⑥学校校规校纪或者班规、班级公约规定的其他适当措施。教师对学生实施前款措施后，可以以适当方式告知学生家长。"

（四）报酬待遇权

报酬待遇权是教师的基本物质保障权利。报酬待遇权强调教师具有按时获取工资报酬，享受国家规定的福利待遇以及寒暑假期的带薪休假的权利。教师的工资报酬，一般包括基础工资、职务工资、课时报酬、奖金、教龄津贴、班主任津贴及其他各种津贴在内的工资性收入。福利待遇主要包括教师的医疗、住房、退休等方面的各项待遇和优惠，以及寒暑假期的带薪休假。作为教师，有权要求所在学校及其主管部门根据国家教育法律、教师聘任合同的规定按时足额支付工资报酬；有权享受国家规定的福利待遇。要动员全社会力量，采取有效措施，依据法律规定，切实保障教师的这一基本权利。

（五）民主管理权

民主管理权是教师参与教育管理的民主权利。民主管理权强调教师对学校教育教学、管理工作和教育行政部门的工作提出意见和建议，通过教职工代表大会或者其他形式，参与学校的民主管理的权利。这是《宪法》第四十一条所规定的"中华人民共和国公民对于任何国家机关和国家工作人员，有提出批评和建议的权利"的具体体现，有利于调动教师参政议政的积极性，发挥教师的主人翁作用，加强对学校和教育行政部门工作的监督。作为教师，有权通过教职工代表大会、工会等组织形式以及其他适当方式，参与学校民主管理，讨论学校改革、发展等方面的重大事项，保障自身的民主权利和切身利益，推进学校的民主建设。以教职工代表大会的形式为例，教师的参与管理权体现在以下方面：听取校长的工作报告，讨论学校年度工作计划、发展规划、改革方案、教职工队伍建设等重大问题；讨论职工奖惩办法以及其他与教职工有关的基本规章制度；讨论教职工的住房分配以及其他有关教职工的福利事项；监督学校管理工作。教师在行使民主管理权时，应注意遵循民主集中制的原则，并充分发挥自己对学校、教育行政部门工作的监督作用。

（六）进修培训权

进修培训权是教师享有的继续教育的权利。强调教师具有参加进修或者其他方式培训的权利。现代社会和科学技术的飞速发展，要求教师及时更新知识，不断提高自身素质。作为教师，有权参加进修或其他多种形式的培训，以提高思想政治觉悟和业务水平。教育行政部门、学校及其他教育机构应采取多种形式，开辟多种渠道，努力为教师的进修培训创造有利条件，切实保障教师权利的实现。当然，教师培训权的行使，应在完成本职工作的前提下有组织有计划地进行，不得影响正常的教育教学工作。

第三节 教师的义务

一、教师义务的概念

教师的义务，是指依照法律规定，教师从事教育教学工作必须履行的责任，表现为必须做出或不得做出一定行为的约束。教师有公民义务和职业义务。

二、教师的公民义务

根据《宪法》的规定，我国公民的义务主要包括：维护国家统一和全国各民族团结；遵守宪法和法律，保守国家机密，爱护公共财产，遵守劳动纪律，遵守公共秩序，遵守社会公德；维护祖国的安全、荣誉和利益；保卫祖国、抵抗侵略，依照法律服兵役和参加民兵组织；依法纳税等。教师作为我国公民，应同等地履行这些基本的公民义务。

三、教师的职业义务

《教师法》第八条明确规定教师的基本义务如下。

（一）遵守法律法规的义务

遵守宪法、法律和职业道德，为人师表。宪法和法律是国家、社会组织和公民活动的基本行为准则，遵守宪法和法律是每个公民的基本义务。作为履行教育教学职责的专业人员，教师更应当模范遵守宪法和法律，自觉培养学生的民主意识和法治观念，使其成长为遵纪守法的公民。同时，教师职业作为一项专门职业，有着自身的职业道德规范，教师应当自觉遵守职业道德规范，做到爱国守法、爱岗敬业、关爱学生、教书育人、为人师表、终身学习，以高尚的品质和优良的情操来影响学生的心灵，促进学生在思想、道德、法律等诸方面的发展。因此，遵守教师职业道德和为人师表，不仅是师德的要求，也是法律的要求。与其他职业相比，一旦被赋予教师身份，则代表教师具有更高要求的职业义务。

（二）完成教育教学的义务

贯彻国家的教育方针，遵守规章制度，执行学校的教学计划，履行教师聘约，完成教育教学工作任务。它主要包括以下内容：全面贯彻国家关于教育必须为社会主义现代化建设服务，必须与生产劳动和社会实践相结合，培养德智体美劳等方面全面发展的社会主义事业的建设者和接班人的方针；自觉遵守教育行政部门和学校及其他教育机构制定的教育教学管理的各项规章制度，认真执行学校依据国家规定的课程方案、课程标准或教学基本要求制定的具体教学计划；严格履行教师聘任合同中约定的教育教学职责，完成规定的教育教学任务，保证教育教学质量。

（三）进行思想品德教育的义务

对学生进行宪法所确定的基本原则的教育和爱国主义、民族团结的教育，法治教育以及思想品德、文化、科学技术教育，组织、带领学生开展有益的社会活动。教师应结合自身教育教学业务的特点，将育人的目标贯穿教育教学全过程。这是每一位教师应尽的基本义务。教师应当有意识地对学生进行社会主义核心价值观教育，弘扬中华优秀传统文化，引导学生逐步树立科学的人生观和世界观，把学生培养成为有理想、有道德、有文化、有纪律的社会主义新人。

（四）尊重学生人格的义务

关心、爱护全体学生，尊重学生人格，促进学生在品德、智力、体质等方面全面发展。人格尊严是宪法赋予公民的一项基本权利。由于学生在教育教学活动中处于受教育者的地位，其人格尊严容易受到侵犯。教师应当平等地对待学生，尤其是尊重每个学生的人格尊严，帮助其形成健康完善的人格，促进学生的全面发展。特别是对有特殊教育需求的学生，教师更需要满腔热情地帮助他们。教师要树立正确的学生观，正确处理好师生之间的交往关系，不歧视学生，更不能侮辱、体罚学生或者采取其他有损学生人格尊严的教育方法。

（五）保护学生权益的义务

即制止有害于学生的行为或者其他侵犯学生合法权益的行为，批评和抵制有害于学生健康成长的现象。保护未成年学生的合法权益和身心健康成长是全社会的共同责任。作为履行教育教学职责的专业人员，教师对未成年学生的合法权益和身心健康成长负有法定的教育、管理和保护的责任。在教育教学及其他相关活动中，对侵犯学生合法权益的行为，教师要予以制止。对社会上出现的有害于学生身心健康成长的不良现象，教师要引导学生展开批评和抵制，这是教师义不容辞的责任。

（六）提高业务水平的义务

即不断提高思想政治觉悟和教育教学业务水平。教育教学是一项专业性很强的工作，同时又是一项富有创造性和灵活性的工作。特别是在当今知识经济时代，科学知识不断发展，教育技术更新日渐加快，教师必须不断学习，加强自身道德修养，调整知识结构，掌握新知识和新技术，这样才能提高专业发展水平，适应时代发展和社会变革的要求。

四、教师权利与义务的关系

教师的权利和义务是统一的、不可分割的。没有无权利的义务，也没有无义务的权利。法律在赋予法律关系主体权利的同时，必须规定其应履行的义务。这种权利和义务是相应的，无此轻彼重或此重彼轻之分。在执法过程中，教师既应享有自己的权利，又必须认真履行自己的义务。法律在赋予法律关系一方权利时，实际上也同时规定了另一方的义务；在规定法律关系一方义务时，实际上也同时赋予了另一方权利。换句话说，对法律关系主体一方是权利的，对另一方则是义务；反之亦然。如《教师法》第七条规定，教师有"进行教育教学活动，开展教育教学改革和实验"的权利。与此同时，为了保证教师享有这一权利，该法第九条就相应规定了各级人民政府、教育行政部门及有关部门、学校和其他教育机构的义务，即"提供符合国家安全标准的教育教学设施和设备""提供必需的图书、资料及其他教育教学用品"。

在不同的场合下，权利和义务是相互依存的，并可以相互转化。权利和义务不是绝对的，有时权利也是义务。如《教师法》规定，教师有"指导学生的学习和发展，评定学生的品行和学业成绩"的权利，这一项权利实际上也是教师的义务。教师如果没有认真地指导学生的学习和发展，没有认真地评定学生的品行和学业成绩，则说明其也没有很好地履行自己的法律义务，就是他的失职。又如，《教师法》规定教师有"不断提高思想政治觉悟和教育教学业务水平"的义务，这实际上也是教师的权利，只不过是以义务的形式出现罢了。应该说，这是对教师提出的更高、更严格的要求。如果哪一个组织或个人阻止、妨碍教师接受进修和培训，那么教师就可以依据《教师法》第七条第六款，要求对自己的合法权益予以保障。

总之，教师如何行使自己的法律权利和履行法律义务，是一个辩证统一的问题。只有明确它们之间的正确关系，用以指导实践，才能在实际工作中更好地履行一名教师应尽的责任。

第四节　教师的法律责任

教师的法律责任，是指教师在教育教学活动中因未履行法定义务或违反法律规定而依法应当承担的法律后果。这种责任既包括对教师行为的约束，也体现了对教师权益的保护。例如，教师因体罚学生而受到行政处罚，或因未尽到教育管理职责而承担民事赔偿责任，都是法律责任的直接体现。同时，法律责任也提醒我们，教师的职业行为必须在法律框架内进行，任何逾越法律底线的行为都将受到相应的制裁。教师作为教育活动的直接实施者，其行为不仅关系到学生的成长与发展，还深刻影响着教育公平与社会秩序。因此，明确教师的法律责任，既是维护教师职业尊严的需要，也是构建和谐教育生态的必然要求。

一、教师违法行为的主要法律责任

《教师法》第三十七条规定："教师有下列情形之一的，由所在学校、其他教育机构或者教育行政部门给予行政处分或者解聘：

"（一）故意不完成教育教学任务给教育教学工作造成损失的；

"（二）体罚学生，经教育不改的；

"（三）品行不良、侮辱学生，影响恶劣的。

"教师有前款第（二）项、第（三）项所列情形之一，情节严重，构成犯罪的，依法追究刑事责任。"

《教师法》第十四条规定："受到剥夺政治权利或者故意犯罪受到有期徒刑以上刑事处罚的，不能取得教师资格；已经取得教师资格的，丧失教师资格。"《教师资格条例》第十八条规定："依照教师法第十四条的规定丧失教师资格的，不能重新取得教师资格，其教师资格证书由县级以上人民政府教育行政部门收缴。"最高人民法院、最高人民检察院、教育部印发的《关于落实从业禁止制度的意见》第三条规定："教职员工实施性侵害、虐待、拐卖、暴力伤害等犯罪的，人民法院应当依照《未成年人保护法》第六十二条的规定，判决禁止其从事密切接触未成年人的工作。"

（一）教师的违法行为

故意不完成教育教学任务给教育教学工作造成损失的。构成此项违法责任必须具备两个条件：主观上是"故意的"，即明知会对教育教学工作造成损失，但放任这种行为的发生；客观上有"给教育教学工作造成损失"的后果。

体罚学生，经教育不改的。体罚学生是指教师以暴力的方法或以暴力相威胁，或以其他强制性手段，侵害学生的身体和精神健康的违法行为。

品行不良、侮辱学生，影响恶劣的。主要指教师的人品或行为严重有悖于社会公德和教师职业道德，严重有损为人师表的形象和身份，对社会和学生造成了恶劣的影响。

（二）教师的法律责任

按现行教师管理权限，由所在学校、其他教育机构或教育行政部门给予行政处分或者解聘。解聘包括解除岗位职务聘任合同，由学校或其他教育机构另聘做其他工作；也包括解除教师聘任合同，被解聘者另谋职业。

教师有"体罚学生，经教育不改的""品行不良，侮辱学生，影响恶劣的"这两种行为的，情节严重，构成犯罪的，由人民法院追究刑事责任。

教师对学校、其他教育机构和学生造成损害或损失的，应当依照《民法典》的有关规定赔偿损失、消除影响、恢复名誉等。这既可由学校或教育行政部门处理，也可由人民法院强制执行。

二、教师违法行为的预防措施

教师违法行为不仅对学生的成长和发展造成严重影响，还损害了教育行业的声誉和形象。因此，采取有效的预防措施至关重要。以下是教师违法行为的预防措施。

（一）加强教师法律法规培训

学校和教育机构应定期组织教师参加法律法规培训课程，系统地学习教育法律法规，如《教育法》《教师法》《未成年人保护法》等。通过案例分析、模拟法庭等方式，让教师深刻理解法律条款，明确自己的权利和义务，增强法律意识和法治观念。

（二）提高教师职业道德素养

教师职业道德素养是预防教师违法行为的重要保障。学校应该加强师德师风建设，通过开展师德教育活动、评选优秀教师等方式，引导教师树立正确的教育观念和职业道德观念。教师要以"仁爱"之心对待学生，尊重学生的人格和权利，关心学生的成长和发展。

（三）规范学校管理制度

学校要建立完善的规章制度，明确教师的工作职责和行为规范，对教师的教学、管理、评价等工作进行细致的规定和指导。同时，要建立健全监督机制，加强对教师日常工作的监督和管理，及时发现和纠正教师的不当行为。设立举报信箱、投诉电话等，鼓励学生、家长和社会各界对教师的违法行为进行监督和举报。

（四）关注教师心理健康

教师的心理健康状况对其教学行为有重要影响。学校应关注教师的心理健康，为教师提供心理咨询和辅导服务，帮助教师缓解工作压力，保持良好的心理状态。教师自身也要学会自我调节，保持积极乐观的心态，避免因心理问题而导致违法行为的发生。

（五）规范教师惩戒权的行使

教师惩戒权是国家相关法律赋予教师管理学生的职业权利，也是教师履行教育教学职责而必须具有的基本权利。目前，我国教师惩戒权的行使存在着惩戒行为背离了惩戒的目的、惩戒过度或无度、以惩代教等问题和误区。教师在行使惩戒权时，要明确惩戒的目的是教育学生，而不是惩罚学生。要遵循适度原则，避免惩戒过度或无度。同时，要注重教育方法的多样性，不能以惩代教。

总之，预防教师违法行为需要学校、教师和社会共同努力。通过加强教师法律法规培训、提高教师职业道德素养、建立健全监督机制、关注教师心理健康和规范教师惩戒权的行使等措施，可以有效预防教师违法行为的发生，为学生的成长和发展创造良好的教育环境。

一、课后思考

1. 名词解释：教师的法律地位、教师权利、教师义务、教师的违法行为。

2. 简述我国教师的法律地位。

3.简述《中华人民共和国教师法》中规定的教师的职业权利。

4.简述《中华人民共和国教师法》中规定的教师的职业义务。

5.《中华人民共和国教师法》中规定的教师违法行为的主要法律责任有哪些？

二、教师资格考试真题练习

1.【单选题】《中华人民共和国教师法》规定，教师是履行教育教学职责的专业人员，承担（　　　），培养社会主义事业建设者和接班人，提高民族素质的使命。

　A.传授专业知识　　B.传授实验技能　　C.教书育人　　D.为人师表

2.【单选题】教育教学权是教师为履行教育教学职责而必须具备的基本权利。不包括（　　　）。

　A.教师依据其所在学校的教学计划、教学工作量、本学科特点等自主地组织课堂教学

　B.按照教学大纲的要求确定其教学内容和进度

　C.针对不同的教育教学对象，在教育教学形式、方法等方面进行改革、实验和完善

　D.有权参加有关的学术团体和学术交流活动

3.【单选题】下列不属于教师权利的是（　　　）。

　A.指导学生　　　　　　　　　B.获得报酬和享有福利待遇

　C.参加进修和培训　　　　　　D.收取家长的课外辅导费

4.【单选题】某教师积极参加学校工会活动，并对学校的改革发展建言献策。该教师行使的权利是（　　　）。

　A.教育教学权　　B.控告检举权　　C.参与管理权　　D.培训进修权

5.【单选题】某县要修水电站，县政府下发文件要求每个公职人员都要参加电站集资。该县某镇学校领导按照文件要求，在领工资之前，从每位教职工的工资中分别扣除了文件规定上交的集资款。对此，下列说法错误的是（　　　）。

　A.校长办事积极果断，工作能力强

　B.侵犯了教职工的获取劳动报酬权

　C.违反了国家要求的不得对学校和教师乱摊派的规定

　D.侵犯了教职工的个人财产自主权

6.【单选题】下列选项中不属于教师享有的权利的是（　　　）。

　A.参加进修或者其他方式的培训

　B.抵制批评教育的行为

　C.进行教育教学活动，开展教育教学改革和实验

　D.从事科学研究、学术交流，参加专业的学术团体，在学术团体中充分发表意见

7.【单选题】明清之际思想家、教育家黄宗羲早就指出："道之未闻，业之未精，有惑

而不能解，则非师也。"陶行知则更明确地说："要想学生好学，必须先生好学，唯有学而不厌的先生才能教出学而不厌的学生。"这些都说明教师具有（　　　）的义务。

  A. 保护学生权益   B. 提高思想觉悟和教学水平

  C. 尊重学生人格   D. 教育教学

8.【单选题】下列选项中既属于教师的权利又属于义务的是（　　　）。

  A. 贯彻国家教育方针，遵守规章制度

  B. 关心爱护学生，尊重学生人格

  C. 遵守宪法、法律和职业道德，为人师表

  D. 参加继续教育培训，不断提高自身素质和教育教学水平

9.【单选题】某校教师让学生把"我要专心学习提高成绩"抄七百遍，这种做法（　　　）。

  A. 正确，能够使学生养成良好的学习习惯

  B. 错误，是一种变相体罚行为

  C. 正确，能够让学生真正提高成绩

  D. 正确，能够提高学生的书写速度

10.【单选题】教师按照考试成绩排座位，将考试成绩排在最后几名的学生安排在了教室的最后一排。教师的这种做法（　　　）。

  A. 是激发学生的重要手段   B. 侵犯了学生的人格尊严

  C. 是管理班级的有效手段   D. 侵犯了学生的受教育权

11.【单选题】某中学班主任对违反校规的学生进行罚款，该班主任的做法（　　　）。

  A. 合理，班主任有自主管理学生的权利

  B. 合法，是塑造良好校风的有效手段

  C. 不合法，侵犯了学生及其监护人的财产权

  D. 不合法，罚款之前应得到校领导的许可

12.【单选题】下列教师侵犯学生受教育权的是（　　　）。

  A. 期中考试后学校张榜公布成绩

  B. 某企业为困难学生提供助学金

  C. 学校开设大课间活动

  D. 因为学生上课不听讲，老师就开除了他

13.【单选题】小红上课玩手机被正在讲课的老师发现，老师将其手机收走并对其进行辱骂，并要求其离开课堂，请问这位老师侵犯了学生的（　　　）。

  ①受教育权 ②人格权 ③财产权 ④健康权

  A. ①③④   B. ①③   C. ①②③   D. ②③④

14.【单选题】某老师未经学生允许私自将学生的作文编入自己编著的优秀作文集，对

该老师的做法叙述正确的是（　　　）。

    A. 该老师的做法侵害了学生的财产权

    B. 该老师的做法侵害了学生的著作权

    C. 该老师的做法没有侵害学生的著作权，因为作文不算"作品"，不受《中华人民共和国著作权法》的保护

    D. 该老师的做法侵害了学生的人身权利

15.【单选题】学校对故意不完成教育教学任务给教育教学工作造成损失的教师，可以给予（　　　）。

    A. 行政处罚   B. 行政处分或解聘职务

    C. 撤销教师资格   D. 追究民事法律责任

16. 我国首次以法律形式明确规定"国家实行教师资格制度"的法规是（　　　）。

    A.《中华人民共和国教师资格条例》   B.《中华人民共和国教师法》

    C.《中华人民共和国义务教育法》   D.《中华人民共和国教育法》

17. 弄虚作假、骗取教师资格的，或品行不良、侮辱学生，影响恶劣的，由县级以上人民政府教育行政部门撤销其教师资格。被撤销教师资格的，自撤销之日起（　　　）年内不得重新申请认定教师资格，其教师资格证书由县级以上人民政府教育行政部门收缴。

    A. 5   B. 4   C. 3   D. 8

下篇　教师职业道德

第六章 教师职业道德概述

学习目标：

1. 了解教师职业劳动的特点、教师职业道德的含义、形成和特点。

2. 掌握教师劳动的特殊性对教师职业道德的要求。

3. 理解学习和实践教师职业道德的意义；认识教师职业道德养成的途径与方法。

问题情景：

你印象深刻的老师是什么样的？

总有这样一位老师让你印象深刻，他给你带来的影响可能是积极的，也可能是负面。有师范生分享自己的经历：他无意中看到小学母校的官网上一则优秀教育工作者公告消息时，一位老师的名字映入眼帘，这位师范生的思绪飞到多年前，三年级的某个下午，这位老师扇了他三个耳光。也有师范生想起小学礼堂的钢琴，供大家展示风采。每个小学生经过钢琴旁边都忍不住摆弄两下。同学们都放学离开后，自己跑去摸索着弹玩，钢琴声音清脆，因为不识曲谱，只能一个键一个键地按，自己觉得也很动听。教音乐的老师姓周，名字已经不记得了。那时她从办公室里出来大声说："你不要再弹了！很难听！"天已经渐黑，钢琴的光泽也暗淡了。学生回忆时想对周老师说："你现在还是不让不会弹的孩子碰琴键吗？"

问题：师范生回忆的老师，让我们不禁反思师生关系重要吗？影响这种关系的重要因素有哪些？

教师职业同其他职业一样也需要具备相应的专业技能，例如语言表达能力、逻辑思维能力、现代教育技术能力等，但教育的育人本质决定了一个"合格"的教师仅仅达到专业技能的要求是远远不够的。教师的道德品质是教师职业素养的核心，一切技术和操作层面的要求只有建立在良好德行的基础上才能发挥其应有的教育作用。教师职业是一项蕴含着深刻的伦理内涵的职业。教师在职业工作中不能从纯粹的利己主义观念出发，而是要以合乎道德的方式来关注他人、关注学生的成长。首先我们要回答"为什么要有教师职业道德"这样一个问题。是不是所有的职业都像教师职业一样需要自身独特的职业道德规范体系呢？还是仅有教师职业需要特殊的职业道德规范？事实上，在现实生活中，我们看到一些特殊的职业工作（如医生、律师等）有着自己特殊的职业道德规范，因为这些职业工作需要处理职业活动中特殊的人际关系以及道德关系。

对于教师职业而言，教师在职业工作中也必须处理类似的人际关系以及道德关系，比如教师和学生、教师和家长、教师与教师、教师与领导等。同时，教师的教育工作本身又是一项伦理活动，因为教师不仅教知识，也在教道德；知识传递与道德教化在教师身上是统一的。也正因为如此，教师必须以合乎道德的方式来面对学生、面对家长、面对同事。也就是说，教师需要特殊的职业道德规范来约束和引导自己的职业行为，从而使教师工作既能够符合道德的要求，同时又能满足教育工作的需要，最终促进学生的健康成长。

第一节　教师职业和教师劳动的特点

一、职业与职业道德

（一）职业

从人类社会发展的历史进程来看，职业并不是从来就有的，它是社会分工和劳动分工的产物。在原始社会后期，随着生产工具的改进，生产力水平的提高，引起了三次社会大分工。马克思、恩格斯说过："人们为了能够创造历史，必须能够生活。但为了生活，首先就需要吃穿住行以及其他一些东西。因此，第一个历史活动就是生产满足这些需要的资料，即生产物质生活本身。"[①]生产物质生活本身的活动，随着社会的发展就成为人们的职业活动。社会出现什么职业，取决于社会的客观需要，相应地形成了专门从事农业、畜牧业、手工业、商业的劳动者，职业也就应运而生了。

职业是人们由于社会分工和生产内部的劳动分工而长期从事的具有专门业务和特定职责，并以此作为主要生活来源的社会劳动。其中，"职"包含着社会职责、权利和义务的意思，"业"包含着业务、事业、具有独特性的专业工作的意思。社会发展到今天，已经形成了成千上万种职业和行业，而且随着社会的不断进步和发展，无论是职业的数量还是职业的种类都在不断增加，分类也更加精细，每种职业都要承担一定的职业责任，享有一定的职业权力，并体现和处理一定的利益关系。因此，作为一种生产关系和社会组织形式，职业和道德之间有着不可分割的内在联系。

①中共中央马克思恩格斯列宁斯大林著作编译局.马克思恩格斯选集[M].北京：人民出版社，2012.

（二）道德

道德是人类社会特有的精神现象，是随着人类历史不断发展的一种特殊意识形态。"道德"一词，源于拉丁语 moris，意指风尚、风俗，引申开来，也有原则、规范、行为品质和善恶评价等含义。在我国，道德这一术语也早已有之，如《论语·述而》中有"志于道，据于德"，《孟子·公孙丑下》中有"尊德贵道"。这些"德"都是道德，只是把"道"和"德"分开使用。所谓"道"，既指人所行走的道路，也指事物存在、运行、生、灭所遵循的法则，并引申为人们必须遵循的社会行为准则、规矩和规范；"德"即得，所谓"德者，得也"。人们认识"道"、遵循"道"，内得于己，外施于人，便是"德"。"道"的客观性较强，主要指外在的规范要求；"德"则偏向于主观方面，主要指人们内心精神方面的内容。"道德"二字的合用，最早见于《荀子·劝学》："故学至乎礼而止矣。夫是之谓道德之极。"荀子不但将"道"和"德"二字连用，而且赋予了它确定的含义，即指人们在各种伦常关系中表现的道德境界、道德品质和调整这种关系的原则和规范。可见，"道德"这个词的起源和历史，都包含道德意识、道德规范、道德活动和行为标准等广泛的内容。

道德是一种社会意识形态，是人们共同生活及其行为的准则和规范。道德作为一种社会现象，并不是生来就有的。马克思主义道德起源论认为，社会劳动是道德起源的基础。在劳动过程中，人们建立起比较经常而固定的各种社会关系，并认识到人与自然的关系、人与人之间的关系，从而产生了包括道德意识在内的各种意识。随着生产和分工的发展，人们之间的社会关系及其相互交往更复杂了，产生了个人利益与与之相交往的人们的共同利益之间的矛盾，从而产生了道德意识上约束人的行为，以调整各种利益矛盾、维系社会秩序，从而逐渐形成最简单的行为规范和准则，这是最初的道德准则。

道德是由一定社会关系，特别是经济关系所决定的，是以善恶评价方式调节人际关系的行为规范和人类自我完善的一种社会价值形态。它的作用在于通过确立和践行一定的行为规范，协调人们之间的利益关系，保持个体行为与社会秩序的合理、稳定，并激励人们不断地完善自我和社会，创造美好生活。[①]可以理解为，"道"是行为的原则或者一种先在的要求、外在的规范，"德"是行为的效果，将外在的规则和要求转化为内在的信念，并表现出符合"道"的行动，成为个人的德性。它是以文明为方向，是一定社会主流价值观下的非强制性行为规范。因此，道德是依靠内心信念、传统习惯和社会舆论来调节人们之间及人与社会、人与自然间关系的行为的准则和规范。

道德与政治、法律等意识形态相比较，有其特殊的属性，具体体现如下：第一，道德规范是一种非制度化的规范。它是处于同一社会或同一生活环境的人们在长期的共同生活过程中逐渐积累起来的要求、秩序、准则和信念，表现在人们的言行之中，深藏于习性品格和意象之

中。第二，道德的调节手段是非强迫性的。它主要借助传统习惯、教育宣传、社会舆论和内心信念来实现。第三，道德是自律和内化的规范。道德要求、戒律、规则等只有在人们真心诚意地接受，并转化为人的情感、意志、良心和信念时，才能得到实施。第四，道德调节是以必要的个人利益的节制和牺牲为前提的。如果只是从追求某种个人利益出发、以贪图报偿为前提去实现的目的，就谈不上什么道德价值。

（三）职业道德

职业道德是与人的职业角色和行业相联系的一种高度社会化的角色道德。[①]职业道德是社会道德的重要组成部分。人类社会生活可分为三大领域，包括公共生活、职业生活和家庭生活。相应地，在社会生活中，人们的道德生活也可以分为公共活动领域的道德、社会职业生活领域的道德和家庭生活领域的道德。《中共中央关于加强社会主义精神文明建设若干重要问题的决议》指出，社会主义道德建设要以为人民服务为核心，以集体主义为原则，以爱祖国、爱人民、爱劳动、爱科学、爱社会主义为基本要求，开展社会公德、职业道德、家庭美德教育，在全社会形成团结互助、平等友爱、共同前进的人际关系。其又有相应的具体规范要求。社会公德中的五个道德规范：文明礼貌、助人为乐、爱护公物、保护环境、遵纪守法。职业道德中的五个道德规范：爱岗敬业、诚实守信、办事公道、服务群众、奉献社会。家庭美德中的五个道德规范：尊老爱幼、男女平等、夫妻和睦、勤俭持家、邻里团结。这三大领域中的十五个道德规范，是在社会主义道德的核心原则和五个基本要求的作用下形成的一个社会主义的道德规范体系，涵盖了社会主义道德要求的各个方面，是社会主义核心价值体系在道德层面的体现。

职业道德是一定社会的道德原则和规范在职业行为和职业关系中的特殊表现。具体来讲，所谓职业道德，是指所有从业人员在职业活动中应该遵循的行为准则，是一定职业范围内的特殊道德要求，即整个社会对从业人员的职业观念、职业态度、职业技能、职业纪律和职业作风等方面的行为标准和要求。不同的职业有不同的职业道德，恰如恩格斯所言，"实际上，每一个阶级，甚至每一个行业，都各有各的道德"。我们生活在一个普遍职业化分工的时代，职业群体从各方面主导着现实生活，职业道德已成为全社会的主导道德。职业道德的优劣直接关系到人们的切身利益，关系到整个社会道德的好坏和道德水平的高低。

职业道德既反映了社会职业行为的道德调节方向，又带有具体职业或行业活动的特征。职业道德具有以下三个特征：一是职业道德的内容具有稳定性。职业道德中的主体要素可以超越不同社会，经批判继承、世代相传，成为人们比较稳定的职业心理和习惯。如不同国家、不同地区和民族，不同社会制度，不同阶级都把"言传身教""以身作则"作为师德，把"仁爱救人""祛病治伤"作为医务道德。二是职业道德的形式和行为尺度具有多样性。职业道德形式，特别是其行为准则的表达形式，往往比较具体、多样、灵活。具体来说，每种职业的道德要

---

①李德顺.论职业道德[J].中共山西省委党校学报.1996（6）：53–56＋47.

求，既有一般的原则性规定，又有很具体的要求，通常使用规章制度、工作守则、行业公约、岗位责任等多种形式表达出来。社会分工的发展促使职业活动变得更加复杂、多样，要求职业道德给予多方面的调节，因而衡量职业道德行为的尺度也就呈现多样化。不同行业中表现出不同的衡量标准，即使同一行业中同一职业也有高、中、低的层次要求，呈现不同的职业道德境界。三是职业道德的适用对象具有限定性。每种职业道德都在各自的职业实践活动中产生，鲜明地表达职业义务、职业责任，以及职业行为上的道德准则，并以自己特有的方式调整从事同一职业人员的内部关系及他们同服务对象之间的关系。如"教书育人"是对教师职业的道德要求，"治病救人"是对医生职业的道德要求。

二、教师职业的产生和发展

教师职业是教师职业道德形成的社会基础。教育起源于人类社会的产生之初，源自人类生产劳动和社会生活的需要。回顾教师职业的产生与发展历程，从最初的"口耳相传"到如今的"互联网 + 教育"，教师始终扮演着知识传播者、心灵塑造者和文明传承者的重要角色。

教育的萌芽带来了教师职业雏形的诞生。原始社会时期，教育活动不是专门的社会活动，而是在生产劳动和社会生活中进行的。教育形式以口传心授、言传身教为主，教育内容涉及生产劳动、宗教活动等诸多方面。这些远古人类教育活动是教师职业产生的社会基础。此时的"教师"并非专职，而是由部落首领、巫师或经验丰富的长者担任，他们可被视为教师职业的雏形。

学校的产生促进了教师职业专门化。奴隶社会时期，随着生产力的发展、脑力劳动和体力劳动的进一步分工、阶级的产生以及文字的出现，学校应运而生，形成了"学在官府""官师合一"的教育制度。因此，有学识的"政府官吏"自然成为学校里的教师，以吏为师、师吏合一相当普遍。这一时期的教师任用具有较大的随意性，没有形成专门化的教师任用制度。教师只是官吏仕途升转中的一站，真正意义上的教师职业并未产生。春秋时期"私学"兴起，教师职业正式诞生，教师不再是一个官职，而是一种独立的职业。学校的产生促进了教师职业的专业化，出现了以传授知识为业的专职教师。

不同社会时期，教师职业具有不同的特点。在古代社会，教师职业受到统治阶级的重视，但也受到严格的等级制度束缚。例如，中国古代的"师"与"天地君亲"并列，享有崇高的社会地位，但教师的选拔、任用和待遇也受到封建礼教的严格规范。近代以来，随着资本主义的兴起和工业革命的推进，教育逐渐走向普及化和世俗化。师范教育的兴起为教师职业提供了专业化的培养途径，教师职业也逐渐摆脱了封建礼教的束缚，成为一门独立的专业。进入现代社会，科技进步日新月异，知识更新速度不断加快，对教师职业提出了更高要求。教师不仅要具备扎实的专业知识和教育教学能力，还要具备终身学习的意识和能力，不断更新教育理念、创新教学方法，才能适应时代发展的需要。

我国《教师法》规定："教师是履行教育教学职责的专业人员，承担教书育人，培养社会主义事业建设者和接班人、提高民族素质的使命。"教师的专业性承载着社会发展、民族素质提高的使命，第一次以法律形式被强化，从而使教师职业有了基本的法律依据。教师经历了从兼职到专职、从专门到专业化的转变。

三、教师劳动的基本特点

（一）教师劳动的复杂性

教育劳动的复杂性主要是指劳动对象、劳动过程和劳动目的的复杂性。教育劳动的对象是人，而不是"物"。苏霍姆林斯基在《致未来的教师》中写道："请同学们牢记：教育劳动的对象不是一堆无生命的自然物质，也不是一般的动物，而是具有一定的自觉意识、有情感、有理智、有意志、有思维的作为社会整体一员的活生生的人。"教师在面对学生的时候，必须把学生当作人来看待，尊重学生的意识、情感、理智、意志等，把学生当作具有主观能动性的人，尊重学生的人格和尊严，与学生展开平等的对话，从而有效地实现教书育人的目标。教育劳动过程是复杂的，因为教育过程存在很多动态因素，比如学生、家长、教育环境、成长环境等，所以教师在实施教育过程中需要根据这些不确定因素来制定合理的教学计划，选择恰当的教学方法和评价方式，以达到一定的教育目的。教师劳动的复杂性还体现在教育目的的复杂性上。对于培养人的工作，教育目的从来都不是单一的知识传授，教师要做的是培养学生德智体美劳等全面发展。

（二）教师劳动的示范性

汉代思想家扬雄在《法言》中明确提出："师者，人之模范也。"要求教师要为学生做出表率，成为学生效仿的楷模。教师正是通过这种榜样示范的方式来影响教育对象，这也体现了教师劳动具有示范性的特点。学生对教师会有一种"向师性"的特点，每一个学生都像花草树木趋向阳光那样趋向教师，会不自觉地仿效教师的言论行为、为人处世的态度乃至性格、气质和习惯，这些都能成为强有力的"影响源"和教育力量。学生往往对教师有特殊的信任和依赖，把教师作为自己学习的对象和效仿的榜样。所以教师在教育活动中要注意自己的言行举止，因为"教师不仅仅是向学生传授书本知识，他实际上以一种个人的方式体现了他所教授的知识。从某种意义上说，教师就是他所教授的知识"。[1] 正如德国著名教育家第斯多惠所说："教师本人是学校里最重要的师表，是最直观的最有教益的模范，是学生最活生生的榜样。"[2]

---

① 马克斯·范梅南.教学机智——教育智慧的意蕴 [M].2 版.李树英，译.北京：教育科学出版社，2014：104.
② 王道俊，王汉澜.教育学 [M].北京：人民教育出版社，1989：556.

（三）教师劳动的长期性

《管子·权修》提出："一年之计，莫如树谷；十年之计，莫如树木；终身之计，莫如树人。"教师劳动的成果不像其他劳动那样立竿见影，它需要一个较长的时间过程，具有一定的持久性。教育效果需要很长时间才能显现出来，因为一个人从接受学校教育开始到成为对社会有用的人需要十年、二十年甚至更长的时间。正如苏霍姆林斯基所说："教育工作的最后结果如何，不是今天或明天就能看到，而是需要经过很长时间才能见分晓。你所做的，所说的和使儿童接受的一切，有时需要五年，十年才能显示出来。"[①]同时，教师劳动对学生的影响是长期的。教师对学生的影响并不会因为教育活动的结束而终止，它会延伸到学生走向社会、参加工作，甚至会影响学生的一生。实践证明，中小学教育是打基础的阶段，教师对学生的影响特别深远，往往会在学生的心灵上留下终身难以磨灭的痕迹。教师在这一时期为学生在德、智、体、美、劳诸方面打下的基础，往往会成为学生一生发展的宝贵财富。[②]

（四）教师劳动的创造性

"教学有法，但无定法"，教师的劳动绝对不是日复一日机械性地重复。教师劳动的创造性源于教育对象的特殊性，主要体现在备课、上课、反馈等环节中。教育对象是具有个体差异的学生，他们具有主动性、能动性，所以教师在备课的环节中不仅要"备教材"，更要"备学生"，要对教材和学生进行合理的预设。在教学过程中，教师不能采取千篇一律的教学方式，而是要根据学生的特点创造性地选取有效的教学方法，因材施教，富有创造性地及时应对课堂中变化的情景。教师对学生还要有创造性的评价，每个学生接受程度不同，教师在对学生进行评价的时候要尽量做到让每个学生都能获得发展。所以，教师总是处在创造性的劳动中。我们要培养具有创新精神的时代人才，教师必须有创新意识，教师劳动必须充满创造性。

第二节　教师职业道德的内涵和历史发展

一、教师职业道德的内涵

教师职业道德又称"教师道德"或"师德"，它是指教师在从事教育劳动过程中应遵循的调节教师和学生、教师和他人关系以及交往行为，保证教育活动更有效合理进行的比较稳定的道德规范以及与之相适应的道德意识和道德品质。它是一定社会或阶级对教师职业行为的基本要求和概括，从道义上规定了教师在教育活动过程中应以什么样的道德情感、态度作

[①]Б. А. 苏霍姆林斯基.给教师的建议 [M].周蕖，王义高，刘启娴，等译.武汉：长江文艺出版社，2018：3.

[②]王昭君.教师职业道德与教育法律法规 [M].长沙：湖南大学出版社，2021：5.

风、行为准则调节在教育过程中与其他参与者之间的关系和处理教育道德问题，以有效、合理地做好教育工作，立德树人，为社会尽职尽责。教师职业道德的内涵，可从以下三个方面来理解。

首先，教师职业道德是反映教育活动中教师与学生、教师与他人关系以及交往行为的道德意识。道德意识是人们在长期的道德实践中形成的道德观念、道德情感、道德意志、道德信念和道德理论体系的总称。教师职业道德意识就是教师系统化地处理教育活动中人与人之间关系的意识。我们知道，教育有两大基本规律：一是教育与社会发展存在着相互制约、相互促进的关系；二是教育与人的身心发展存在着相互制约、相互促进的关系。教育活动受一定社会政治经济制度和生产力水平的制约，教育活动要适应身心发展的特点。有什么样的社会政治经济制度和生产力水平，就有什么样的教育实践；同时，对身心发展规律的认识程度影响着教育实践的水平。在教育活动中，诸如教与学的关系、师与生的关系、知与不知的关系、教师个体与集体的关系，以及教师的学生观、认识观、教育目的观等都是教师需要解决的道德问题。对这些问题的认识和解决，不同教师有不同的思想体系和方法规范体系，即道德意识。例如教学思想及规范、德育思想及规范、管理思想及规范、伦理思想及规范，它们都是因教育实践活动的要求而产生的。教师职业道德在教育实践中形成的过程，是区别于其他思想规范体系的，这是关于处理教育劳动中人与人相处的道德准则的理论。它的内容是对职业内所有人的要求和具体规范。教师职业道德既要解决"应当"的问题，还要解决为什么"应当"的问题。所以，教师职业道德意识就是试图确定在教育活动中发展人与人之间适应教育目的要求的良好关系的道德规范与观念。这些规范与观念应当能维持教育的秩序、延续教育的良好习惯，有利于履行教育的社会责任、产生良好的教育效果。它们既是反映教育领域共同利益的要求，又是反映教育活动中人与人之间关系处理经验的概括与总结。

其次，教师职业道德旨在协调教师职业工作中的人际关系，包括教师与学生的关系、教师与集体的关系以及教师与社会的关系等。教师职业道德的核心目标是规范和引导教师处理好这些人际关系，以道德的方式来协调人际行为，同时也以道德的方式来展开教育、教学活动，实现立德树人的目的。教师与学生的关系是教师职业道德的核心，一名合格的教师必须具备正确处理师生关系的能力。教师在教育工作中既要有一定的威信，能够对学生的学习生活加以引导或者纠正，同时又要充分尊重学生的人格尊严，尊重学生的主体身份，关爱学生，给予学生自主选择的空间和机会。教师与学生之间应当是相互尊重、相互信任，同时又是相互促进的关系，做到"教学相长"。此外，教师还必须处理好与集体的关系，这个集体包括同事群体和学校生活中的共同体。教师生活于学校共同体之中，难免与教师集体和学校共同体发生着各种各样的人际关系和利益关系，教师必须从职业道德的基本要求出发来处理好与集体、与学校的关系，努力成为教师集体、学校共同体中的合格成员，为集体生活和学校教育做出力所能及的贡献。当然，教师还面临着与社会的关系。教师作为社会成员，必须把自己看作社会的一分子，在教学活动中履行社会职责，有效地传递社会的核心价值观念和正能量，通过自身的教学活动来培养人才，从而间接地促进社会的发展。

最后，教师职业道德是外在道德规范"他律"和教师内在道德"自律"的统一，是一种特殊的规范调节方式。也就是说，教师职业道德不仅是一种外在的道德规范体系，更是一种内在的道德自律活动。教师在遵守外在职业道德规范体系的同时，必须加强内在的道德自律，处理好"自己与自己"的关系。教师必须在充分理解教师职业意义和认识自我的基础上，通过将外在的道德规范内化为自身的道德素养，如教师的良心、教师的公正和教师的幸福等，从而全面提升自己的道德品质和道德境界。我们知道，纯粹的道德他律和外在规范是很难限制和约束教师的行为的，因为这些外在规范难以深入人心，难以成为教师心灵世界和道德世界的有机组成部分。因此，教师职业道德如果仅仅是这些外在的道德规范的集合体和文本说教，通过灌输或者强制的方式来向教师施加压力，那么这些职业道德对教师职业活动的调节作用很可能是低效的，甚至是无效的。显然，一种职业道德规范只有当它被道德主体所内化并付之行动时，它才有可能成为道德主体内心世界的有机组成部分和发展需要；经由道德他律而走向道德自律，发挥道德的规范和约束功能，主导道德主体的道德生活。

教师职业道德也同样如此，它需要教师以主体的身份自觉自主地吸收和接纳这些道德规范，关注教师职业意义的深层追寻，甚至允许教师反思和批判教师职业道德规范中不合理的要素，保留合理的方面，从而让这些道德规范成为一种自律和自觉，而不再是外在的强加和灌输。通过这样一种反思、体验、吸收和内化的过程，教师职业道德才能真正成为属于教师职业生活"本己"世界的道德规范，而不再是从属于教师职业生活的"异己"世界的外在道德规范，教师职业的行为才能达到"从心所欲不逾矩"的境界。

二、教师职业道德的历史发展

（一）教师劳动实践是教师职业道德产生和形成的前提

作为一种价值规范体系，道德的产生首先源于调节利益关系和矛盾的需要。学校教育的过程是最深切的人与人之间关系的活动过程，它本身就是一个"利益的孕育场"和道德关系的"集结带"。学校教育中的利益因素主要包括教师的个人利益、学生的个人利益、教师职业集体的利益和社会的利益。

对于教师而言，出于对个人利益的考虑，再加上教育劳动的艰巨性和不确定性，在选择劳动态度、行为方式时很有可能与学生的个人利益甚至社会利益发生冲突。

（二）我国教师职业道德的历史发展[1]

1. 教师职业道德的萌芽

教师职业道德是随着教师这一特殊职业的发展而发展的。在原始社会早期，由于生产力水

①檀传宝.教师职业道德[M].北京：北京师范大学出版社，2015：课程简介。

平低下，整个社会处于物质匮乏的状态，不存在剩余的劳动产品，因而也就无法为脑力劳动者（包括教师）提供物质生活的基础，"教师"这一职业也就无法产生。直到原始社会末期和奴隶制早期，随着生产力水平的不断提高，整个社会有了足以供给脑力劳动者的剩余产品，才逐渐产生了专门从事教师工作的独特群体，教师这一职业才真正开始萌生，而用于约束教师行为的一些模糊的道德规范也逐渐发展起来。

2. 古代教师职业道德的发展

从公元前 21 世纪夏朝建立开始，经历了夏、商、周三个朝代长达一千多年的奴隶制社会，教师职业道德获得了比较快的发展。这一时期，中国逐渐产生了比较成熟的、体系化的官学系统，学校教育服从于奴隶主贵族阶级的统治，实行"官师合一""政教合一"的教育制度。于是，教师职业与贵族身份走向了"合二为一"，教师的职业道德与奴隶主贵族的道德要求也走向了"合二为一"。因而，这一时期的教师职业道德呈现出很强烈的奴隶主专制统治的政治色彩。

春秋时期，随着官学的衰败和私学的兴起，所谓"天子失官，学在四夷"，官府逐渐失去了对教育的垄断控制，而以孔子、荀子、孟子、墨子等为代表的一批教育家、思想家纷纷创办私学，并且基于自身的教育实践总结出了一套教师道德规范体系，这在很大程度上塑造了教师职业的光辉道德形象。孔子要求教师"学而不厌、诲人不倦""因材施教、有教无类""不愤不启，不悱不发"等，并且要求教师有高尚的道德情怀，做到"不义而富且贵，于我如浮云"。孟子把从事教师工作看作人生的三大乐事之一，所谓"得天下英才而教育之，三乐也"。荀子把教师工作放在了一个非常崇高的位置，所谓"天地君亲师"。荀子认为，教师是社会的道德典范，教师通过自身的人格和德性传递着社会礼制和道德观念，所谓"礼者，所以正身也；师者，所以正礼也"。

汉武帝"罢黜百家，独尊儒术"以后直至明清时期，教师职业道德与儒家伦理实现了全方位的融合，儒家伦理成为教师职业道德的伦理基础。西汉的董仲舒提出，教师的道德在于"化民成性"，教师要不断提升自己的道德修养，从而成为整个社会的道德榜样，对民众起到道德教化的作用。唐代的韩愈对教师职业道德的发展也起到了重要作用。他在《师说》中提出了教师职业的三项基本要求：传道、授业和解惑。而所谓"传道"，其实主要就是传递儒家的道德理念（韩愈称之为"道统"）。韩愈认为，为了传承儒家道统，教师必须不断提升自身的道德修养，做到"以身立教"，最终实现对学生和民众的道德教化。

宋明时期的理学和心学大师对师德的理解和阐述，也为教师职业道德的发展做出了重要贡献。宋代理学大师朱熹所拟定的《白鹿洞书院揭示》是我国古代关于教师道德规范比较完整的阐述。朱熹在其中提出忠信、修身、博学、慎思、明辨、笃行等思想主张，强调教师要做到知行合一，以崇高的道德修养来实现道德教化，为后世的师德规范研究奠定了重要的基础。而明代心学大家王阳明也认为教师应先明德修身——"明人者先自明"，通过提升自身的道德修养和道德境界，更好地培养学生的道德品质。

3. 近代教师职业道德的发展

近代中国的教师职业道德一方面深受传统儒家伦理和传统师德观念的影响，另一方面逐渐学习和借鉴了西方的伦理观念和师德观念。康有为提倡"新学"，反对"旧学"，主张改革传统的教育模式、教师观念和课程设置，开办新式学堂，这推动了人们对教师职业道德的新理解。梁启超则发表了《变法通议·论师范》，提出要对教师的知识素养和道德素养进行专门培训，以此获得新式教育所需的新式师资，最终完成变法图强的目标。

民国时期，一批伟大的教育家用自身的道德人格践行着教师职业道德，促进了教师职业道德在近代中国的发展。蔡元培先生兢兢业业地从事教育工作，坚守教育的理想和信念，成为教师的典范。蔡元培先生认为"一个小学教员在社会上的位置最重要，其责任比总统还大些"，因为小学教师的人格和品行将全面影响学生的发展。陶行知先生终生献身于人民教育事业，"捧着一颗心来，不带半根草去"，以自身的道德品行为师德增辉添彩。这些教育家共同促进了近代中国教师职业道德的发展。

4. 当代教师职业道德的发展

在改革开放的号召和指引下，通过几代人的共同努力，我们逐渐形成了新社会背景下较为成熟、系统、完备的教师职业道德体系。在这一时期，国家和教育主管部门先后出台了四个师德规范性文件，极大地促进了教师职业道德体系的发展。这四个规范性文件的具体内容可以概括如下。

1984年版《中小学教师职业道德要求（试行草案）》提出，教师要热爱祖国，热爱中国共产党，热爱社会主义，热爱人民教育事业；热爱学生；奉公守法、遵守纪律；衣着整洁、举止端庄，以身作则，为人师表。

1991年版《中小学教师职业道德规范》提出，教师要热爱社会主义祖国，拥护中国共产党的领导，热爱教育事业；不断提高科学文化和教育理论水平；热爱、尊重、了解和严格要求学生；热爱学校，关心集体；衣着整洁、举止端庄，以身作则，为人师表。

1997年版《中小学教师职业道德规范》提出，教师要依法执教，自觉遵守《教师法》等法律法规；爱岗敬业，热爱教育、教书育人；热爱学生，尊重学生的人格，平等、公正对待学生；严谨治学，刻苦钻研业务，提高教育、教学和科研水平；尊重家长；廉洁从教；为人师表，遵守社会公德，严于律己，以身作则，注重身教。

2008年版《中小学教师职业道德规范》提出，教师要爱国守法，热爱祖国，热爱人民，拥护中国共产党领导，拥护社会主义；爱岗敬业，志存高远，勤恳敬业；关爱学生，尊重学生人格，平等公正对待学生；为人师表，知荣明耻，严于律己，以身作则；树立终身学习理念，拓宽知识视野，更新知识结构，勇于探索创新，不断提高专业素养和教育教学水平。

当前我国教师职业道德体系正在不断发展和完善。教师职业道德从泛政治化走向了突出专业伦理，从保守狭隘走向了兼容并包，从形式口号走向了求真务实，从经验总结走向了法治建设。

相关链接：

新时代教师职业道德的升华：从"四有"到"教育家精神"

"四有好老师"。2014年9月，习近平总书记在同北京师范大学师生代表座谈时，提出有理想信念、有道德情操、有扎实学识、有仁爱之心的"四有"好老师标准，号召全国广大教师要做人民满意的"四有"好老师。这一重要论述为新时代教师队伍建设指明了方向，也为广大教师教书育人实践提供了遵循。

"四个引路人"。2016年9月9日，习近平总书记来到了他小学和初中学习过的地方——北京市八一学校，看望慰问师生并同师生座谈，在这场座谈会上，总书记向广大教师提出了做"四个引路人"的殷切希望："广大教师要做学生锤炼品格的引路人，做学生学习知识的引路人，做学生创新思维的引路人，做学生奉献祖国的引路人。"

"教育家精神"。2023年教师节前夕，习近平总书记致信全国优秀教师代表，提出中国特有的教育家精神。"心有大我、至诚报国的理想信念，言为士则、行为世范的道德情操，启智润心、因材施教的育人智慧，勤学笃行、求是创新的躬耕态度，乐教爱生、甘于奉献的仁爱之心，胸怀天下、以文化人的弘道追求"，凝聚着对教师群体的殷切期望，为造就支撑教育强国的高素质教师队伍指明了努力方向。

从"四有"好老师到"四个引路人"，再到"教育家精神"，习近平总书记对教师队伍的要求不断深化与升华，体现了新时代教师职业道德的丰富内涵与发展方向。这一演进过程不仅为教师队伍建设提供了明确指引，也彰显了党和国家对教育事业的重视与期望，激励广大教师以更高的标准要求自己，为培养担当民族复兴大任的时代新人贡献力量。

第三节　教师职业道德的特点和践行意义

一、教师职业道德的特点

教师职业劳动的目的、任务、对象、手段、工具、劳动成果等不同于其他职业，因此，教师职业道德具有自身的显著特点。

（一）境界的高层次性

境界的高层次性是指社会和他人对教师职业道德的要求总是在整个社会道德体系中处于较高水平和较高层次。

　　教师职业道德的高层次性是由教师教书育人的目的和任务决定的。教育劳动是一种以培养人为目的的特殊的职业劳动，教师在向学生传授文化知识的同时，也要对其进行思想品德教育，培养他们树立正确的人生观、世界观、价值观。因此，每一位教师要肩负双重使命：既要教书，又要育人。教师不仅要用自己丰富的学识去教人，更要用高尚的品格去感染人，从而使我们的学生不仅拥有健全的理性，还要拥有高尚的灵魂。从深层次上说，学生正确的人生观、价值观、道德观和良好个性品质的形成离不开教师的教化和榜样作用，教师的一言一行，在客观上都影响着学生的心理和行为。同样，知识传授也不是简单的教师"传"、学生"收"的机械运动过程，它以教师的人格魅力为基础、以爱为纽带、以学生对教师的信赖为前提。如果学生喜欢或敬佩某一位教师时，不仅"亲"其师，而且"信"其道。反之，如果学生反感或敌视某位教师时，即使教师的话说得"在理"，课讲得"很好"，他也"听不进去"。德国著名教育家第斯多惠在谈到教师职业道德修养时说："他选择了培养和教育的事业作为自己一生的使命。由于这一点，在一生中的自我教育的任务就具有更加崇高的意义。他希望引导别人走正确的道路，激发别人对真和善的渴求，使别人的素质和能力得到最高的发展。因此，他应当首先发展他本身的这些优秀品质。"所以，教师作为"人类灵魂的工程师"，古今中外，任何一个国家或任何阶级，对其的道德要求总是处于当时社会道德较高的水准之上。

（二）影响的深广性

　　影响的深广性是指教师的道德品质和行为将给学生留下深刻久远的印象，它不会因学生的毕业而随之结束，还将延续到毕业之后，有时甚至伴随学生的一生。

　　教师职业道德对学生之所以具有如此深远的影响，这是因为教师在培养教育学生的过程中，不仅要发展学生的智力和体力，还要从世界观、人生观、价值观、道德观等方面进行全面的教育培养。教师的道德品质和行为也在学生思想品德的形成过程中，产生深刻而全面的影响。教师的道德品质和行为对学生的影响还具有持续性。学生一天之中大部分时间在学校生活，接触不同的教师。因此，教师给学生的影响是持续的、不断的，具有全面性、系统性和持续性的特征。另外，如果教师的某些个别行为对学生的成长发展有特别的影响，表现为或是对学业的帮助，或是对人生的指导，或是对心灵的震撼，或是对尊严的伤害，都将使学生铭刻在心、难以忘怀。

　　教师职业道德的深广性不仅作用于学生，还会通过学生影响家庭和社会。他们的思想境界、行为举止也将越来越多地影响到社会的各个阶层和各个行业，进而影响整个社会的道德风尚。

（三）意识的自觉性

　　意识的自觉性是指教师因职业劳动的特点所决定的、在职业道德意识上具有的更高的自觉性，它是教师职业情感和职业行为的基础。

教师劳动的个体性要求教师有遵守教师职业道德的自觉性。个体性主要是指教师在教育教学过程中所表现出来的相对独立性和灵活性。对教师个体劳动的质量考评，有些"量"的指标好衡量，有些"量"的指标不好衡量。比如，教师是否充分备课、是否认真批改作业、是否耐心教育学生等，主要依靠教师本人的严格自律。除此之外，教师对学生的教育和影响不仅仅局限于课堂上、教室内和校园里，在任何时间、任何地方，要求学生做到的，教师本人首先必须身体力行。这种劳动时间和劳动空间的灵活性要求教师在遵守职业道德方面要有更强的自觉性。

（四）行为的示范性

行为的示范性是指教师的品德和行为对学生思想品德的形成和行为具有榜样示范作用。它在教育领域中扮演着至关重要的角色，深刻地体现了教师作为学生成长道路上"引路人"的独特价值。

教师职业道德的示范性是由教师劳动的示范性和学生的向师性、模仿性决定的。在教育教学过程中，教师职业道德不仅是对教师自身行为的规范，还是作用于学生的教育手段，具有"以身立教"的作用。无论是教师的整体风貌，还是教师的个人行为，对学生的行为和品德都具有潜移默化的影响。因此，教师要以身作则、为人师表，这是教师职业道德区别于其他职业道德的显著标志。教师职业道德的示范性对教师的要求是多方面的，表现在教师既要自觉遵守教师职业道德规范，也要模范遵守其他道德准则；既要对所倡导的行为率先垂范，也要对所禁止的行为予以杜绝；既要在职业活动中以身作则，也要在非职业活动中为人师表。如果学生发现教师在校外或非职业活动中出现无礼、粗俗、虚伪甚至严重违法乱纪的行为，那么，教师在学生心目中建立起来的"高大形象"将大打折扣，甚至因此而荡然无存。

二、学习和践行教师职业道德的意义

教育事业是一个民族最根本的事业，教师是发展教育事业最基本的依靠力量。建设一支高素质的教师队伍是发展教育的关键，师德建设则是教师队伍建设的核心。教师职业道德的学习和践行对教师、学生、整个教育事业的发展以及社会道德风尚的净化都有着极为重要的意义。

（一）对学生的意义

教师道德有助于青少年学生道德品质和行为的养成。学校教育的对象主要是青少年学生，他们正处于长身体、学知识、立德志的重要时期，具有很强的模仿能力和可塑性。在教育劳动的过程中，教师职业道德与教师的其他个性因素一起，对学生具有直接的教育意义。在教育劳动的过程中，劳动者与劳动工具是一体的。这也就意味着，教师劳动质量的高低与劳动效果的好坏，直接取决于教师本人作为劳动工具的改善程度。在教师诸多的个性因素中，相对于知识、技能因素而言，教师个人的道德品性对教育效果的影响更大。

在学校教育中，青少年学生不仅从书本里学习善恶观念，更多的是直接从教师在教育劳动中表现出来的道德意识和道德行为中判别是非、善恶的观念，寻找自己做人的榜样。尤其是年幼的小学生，教师在他们的心目中是比父母还要重要的榜样，其一言一行对小学生道德品质的形成起着直接的启蒙作用，可谓"染于苍则苍，染于黄则黄"。中学生正处于道德心理、世界观、人生观的逐步形成期，他们已经能够对教师的教育行为进行是非善恶的思考和论证了。因此，教师道德对中学生的影响就更加深刻了。正如俄国教育家乌申斯基所指出的那样，教师的思想品德对青少年学生心灵成长的影响是"任何教科书、任何道德箴言、任何奖惩制度都不能代替的一种教育力量"。教师是学生在校园中所接触到的最直观、最真实的道德榜样，具有高尚师德的教师能够通过自己的身体力行来印证课堂上的言教，给学生一种无法物化在书本上的人生智慧，使其得到心灵的顿悟和人格的升华，进而实现"不教而教"的效果。这种示范作用虽无声无息，但却比明理言志更深刻清晰，比高谈阔论更生动具体、更具有撼动人心的说服力。

（二）对教师的意义

教师职业道德的教育和训练不仅是教师岗前培训的重要内容，而且是贯穿教师职业生涯的始终。

学习和践行教师职业道德有助于教师坚定职业道德信念，提高师德修养的自觉性。教师是具有较高文化水平的职业人员，较其他职业群体更注重理性思维。教师职业道德的基本理论科学地回答了合格的人民教师必须具备什么样的基本道德品质以及为什么应当具备这些品质的问题。系统地学习教师道德的专门知识，能够使广大教师从理论高度深刻认识教师道德修养的重要性，增强其选择合理教育行为的信心和自觉性。当自己的教育行为符合教师道德的准则要求时，就能获得道德情感上的满足，进一步坚定自己的职业理想和职业信念；反之，则会产生羞愧和内疚感，进而形成纠正自己行为方向的理性自觉。通过理性思考和反复实践，教师职业道德才会从外在的道德要求逐步转变为教师本人内心的法则，从而自觉地促进个人道德品质修养的提高和完善。

学习和践行教师职业道德有助于提高教师的道德判断力，增强其事业心与责任感。教育活动中的道德矛盾和利益关系是错综复杂的，什么是善、什么是恶，什么应该做、什么不应该做，这些问题仅靠教师个人的道德经验往往无法做出解释与判断。我国当前正处于社会生活的深刻变革之中，教育领域也不例外。每个教师在自己的职场生活中都面临着大量的、依靠以往的道德经验不能直接解决的道德疑难问题，比如有偿家教的问题，家长给教师送礼的问题等。在这种情形下，只有科学的教师道德理论才能帮助教师冷静客观地分析问题，做出正确的道德判断，从而创造性地解决特定情况下较为复杂的道德矛盾。也只有拥有高尚职业道德素养的教师，才能始终坚守教育的育人本性和内心的职业良知，永远保持强烈的事业心和高度的责任感，为履行教师职业的使命而奋斗。也只有这样的教师，才能享受到教师职业的幸福和欢乐。

学习和践行教师职业道德有助于教师形成并确立科学的教育理念。在新的历史时期，教育也呈现出崭新的姿态。传统的教师观、学生观、知识观、人才观、教育价值观都需要重新接受时代的审视，教育人道主义问题、教育公平与民主的问题、教学工作与学校管理中的道德问题等日渐突出，师生关系、家校关系、教师集体中的人际关系也呈现出了许多不同以往的新特点，这一切变化都为教师职业道德建设提出了新的要求。因此，新时期的教师职业道德是建立在对教育劳动的新特点进行科学分析和把握基础之上的，不仅向全体教师阐明应该如何行动的行为规范，也紧跟时代发展和世界教育发展的新趋势，用先进、科学的教育理念武装教师的头脑，使教师行为符合社会基本道德要求的同时，又能与时俱进，更好地履行自己崇高的职业责任。

（三）对教育事业的意义

教师工作是一项系统的社会工程，在任何一个具体的教育过程中总是包含着各种各样的道德关系，如师生关系、教师与教师之间的关系、教师与学生家长之间的关系、教师与学校领导之间的关系、教师与教学辅助人员之间的关系、教师与社会有关方面的关系等等。处理好这些关系，对教育事业顺利、有效地发展是至关重要的。因此，具有良好职业道德修养的教师，能够深刻认识自己所从事工作的伟大意义，能够正确评价教师职业的价值，从而树立起牢固的敬业精神和端正的职业态度，勇于克服工作中的各种困难和阻力，热爱并献身于人民的教育事业。

教师职业道德对教师行为的指导、对各种道德关系和利益矛盾的调节和处理主要是通过两种形式进行的：一是社会舆论。这是一种外在的精神力量。当教师行为合乎教师道德的要求，有助于各种道德关系和利益矛盾的协调和解决时，就会受到来自学生及其家长、同事以及社会各方面的赞扬和肯定，从精神上激励教师继续努力。反之，则会受到舆论的谴责与批评，对教师造成一种无形的压力，促使其重新选择合乎道德的行为。二是内心信念。这是一种内在的精神力量，也是教师道德发挥调节和指导作用的最重要的形式。这里所谓的"内心信念"，主要是指教师的职业道德信念。它是一个教师发自内心的对教师道德义务的真诚信服和强烈的责任感，是深刻的师德认识、强烈的师德情感和顽强的师德意志的有机统一。[1]一旦教师将师德要求转化为自己坚定的内心信念时，即便没有外在的监督和指导，他也会自觉恪守教师道德的要求。如果自己的行为偏离了正确的轨道，即便没有受到舆论的指责和批评，他也会深感不安，"良心法庭"会督促其尽力纠正自己的行为。所以，内心信念具有自觉性特点，是比社会舆论更重要、更有力的作用形式，也是"德规"优越于法律法规、行政规章的特殊之处。总之，教师职业道德可以在内外部力量的共同作用下，指导教师正确选择自己的教育行为，处理和调节好各种道德关系和利益矛盾，促进教育事业的共同发展。

[1]王正平，郑百伟.教育伦理学——理论与实践[M].上海：上海教育出版社，1998：78.

（四）对社会道德风尚的意义

教师是与社会有着广泛联系并对社会有特殊影响的职业，教师职业道德的意义不仅表现在学校教育过程中，还会通过各种途径和方式，直接或间接地影响社会风气，是促进社会形成良好道德风尚的催化剂。中国长期以来尊称教师为"先生"，视其为文明的象征。所以教师在社会交往中所产生的影响也是相当深刻的。教师职业道德对社会道德风气的促进和改善主要通过三个渠道。

一是通过培养学生的优良道德品质来广泛影响社会。教师在职业活动中所表现出来的面貌会直接影响学生的道德品质，学生又会通过自发的社会交往将在学校里培养和发展起来的道德品质带往各行各业、千家万户，从而对整个社会的道德风尚产生广泛而深远的影响。

二是通过教师亲身参加社会生活而影响社会。每一位教师除了自己特定的职业生活，还是社会大家庭中的一分子。因此，教师除学校的教育工作之外，还将作为一个社会成员亲自参加各种社会活动，以此对社会生活起教育和促进作用。当社会不正之风盛行，严重腐蚀着人们的灵魂，毒害着青少年学生的时候，一个具有高度社会责任感的教师会积极地参与到社会中，通过著书立说等各种各样的方式来努力改造环境、净化社会风气。

三是通过教师个人的道德品质去影响自己的家庭、亲友和邻里。良好的师德是教师长年累月在教育活动中形成的道德情感和道德品质，它不会因为离开职业生活而消失。相反，教师会把这种业已形成的优良品质带进家庭生活和周围环境中，在家庭生活中尊老爱幼、邻里相处时谦让和睦，亲朋好友间友好往来，在公共生活中乐于助人、遵纪守法，这无疑都会对社会风气的形成起到积极的促进作用。

一、课后思考

1. 与其他职业道德相比，教师职业道德有哪些特点？

2. 学习和实践教师职业道德有什么意义？

3. 近年来，越来越多的教师"失德"报道见诸媒体，"范跑跑""杨不管"事件引发热议，可另一方面，"最美教师"张丽莉，"全国最美乡村教师"张桂梅，还有很多默默在一线工作的优秀教师也脱颖而出。请寻找一位优秀教师，了解关于他的优秀事迹，体会和反思这位教师是如何践行自己的教师职业道德的。

二、教师资格考试真题练习

1.【单选题】全面贯彻党的教育方针，坚持教育为社会主义现代化建设服务、为人民服务，把（　　）作为教育的根本任务，培养德、智、体、美、劳全面发展的社会主义建设者和接班人。

    A. 素质教育   B. 创造教育   C. 教书育人   D. 立德树人

2.【单选题】要把（   ）的成效作为检验学校一切工作的根本标准。

    A. 素质教育   B. 实践教育   C. 立德树人   D. 道德教育

3.【单选题】"以身立教""为人师表"体现了教师劳动的（   ）。

    A. 示范性   B. 复杂性   C. 创造性   D. 个体性

4.【单选题】"十年树木，百年树人"这句话反映了教师劳动的（   ）。

    A. 连续性   B. 创造性   C. 主体性   D. 长期性

5.【单选题】下列不是教师职业道德特点的是（   ）。

    A. 教师职业道德要求比其他职业道德更高、更全

    B. 教师职业道德影响比其他职业道德更具深广性

    C. 教师职业道德调节比其他职业道德更具自觉性

    D. 教师职业道德行为比其他职业道德更具一般性

6.【单选题】《论语·述而》中说："三人行，必有我师焉。择其善者而从之，其不善者而改之。"说明进行教师职业道德自我修养时应（   ）。

    A. 认真读书，善于向书本学习   B. 虚心求教，善于向他人学习

    C. 积极进取，善于向榜样学习   D. 参加实践，善于向社会学习

7.【单选题】道德修养的最终目的是形成良好的（   ）。

    A. 道德认识   B. 道德情感   C. 道德意志   D. 道德行为

8.【单选题】教师职业道德修养的根本途径是（   ）。

    A. 理论学习   B. 教育实践   C. 向榜样学   D. 加强交往

9.【单选题】教师职业道德区别于其他职业道德的显著标志就是（   ）。

    A. 为人师表   B. 清正廉洁   C. 敬业爱业   D. 团结协作

10.【单选题】孔子所说的"其身正，不令而行。其身不正，虽令不从"，从教师的角度可以理解为（   ）。

    A. 自己做好了，不要教育学生，学生自然会学好

    B. 走路身体一定要端正

    C. 对学生下命令一定要正确

    D. 教师自己以身作则，其一言一行都会对学生产生巨大的影响

第七章　教师职业道德的基本范畴

学习目标：

1. 了解和掌握教师职业道德范畴的内涵和意义，理解教师职业道德范畴对教育实践行为的指导作用。

2. 能形成对教师职业道德要求的自觉认识。

3. 能将教师职业道德的基本范畴逐渐转化为内在信念，为成为新时代"四有"好教师奠定基础。

问题情景：

2012年5月8日20时38分，在黑龙江省佳木斯市，正当佳木斯市第十九中学一群学生准备过马路时，一辆客车突然失控冲了过来，与前方停在路边的另一辆客车追尾，被撞客车猛力冲向正要过马路的学生。危险瞬间，本可以躲开逃生的女教师张丽莉，奋不顾身去救学生，自己却被卷入车轮下，导致双腿粉碎性骨折，高位截瘫。

问题：张丽莉老师的先进事迹体现了一名人民教师的崇高思想境界和高尚道德情操。试着感受张老师作为一名教师，教师职业道德的基本范畴是如何体现的？

"范畴"一词是指"反映事物本质属性和普遍联系的基本概念，是人类理性思维的逻辑形式"。教师职业道德范畴作为对教师职业道德本质的概括与反映，从广义上讲，包括教师道德原则、规范中所有的基本概念，也包括反映教师个体道德品质的基本概念（如"谦虚""朴实""仁爱""乐观"等），还包括教师道德评价、道德修养和道德教育等方面的基本概念（如"善""恶""自制"等）。从狭义上讲，教师职业道德范畴是指那些概括和反映教师道德的主要特征，体现社会对教师道德的根本要求，并成为教师的普遍内心信念，对教师的行为产生影响的基本道德概念。

教师职业道德范畴需要同时具备以下三个条件：第一，它必须是概括和反映教师职业道德现象最本质、最主要、最普遍的道德关系的基本概念；第二，它必须体现教师职业道德原则和道德规范对教师的根本道德要求，在一定程度上反映出教师认识和把握职业道德现象的情况；第三，它必须作为一种信念存在于教师的内心，在各方面影响和约束教师的行为。

第一节　教师理想

做好学生的引路人，理想信念是根本。[1] 何为"有理想信念"？习近平总书记指出："我们的教育是为人民服务、为中国特色社会主义服务、为改革开放和社会主义现代化建设服务的，党和人民需要培养的是社会主义事业建设者和接班人。"好老师的理想信念应该以这一要求为基准，倡导广大教师要用好课堂讲坛和校园阵地，用自己的行动倡导社会主义核心价值观，增强学生的价值判断能力、价值选择能力、价值塑造能力，引领学生健康成长。习近平总书记的讲话高屋建瓴，为广大教师培育时代新人、成为中国特色社会主义的好老师指明了方向。

理想是人类在长期的实践中产生的，并可以通过长期不断努力实现的美好愿望，它体现在人类的世界观、人生观、价值观的形成过程中，并且是为之奋斗的人生目标。理想是由个人理想和社会理想组成的，个人理想主要包含职业理想、生活理想和道德理想。社会理想可以理解为社会成员理想的总和，是一个共同奋斗的目标，是整个理想体系里的核心内容。理想不是一成不变、静止不前的，而是一个动态的、不断发展的过程，它会随着事物的发展而变化，随着时代的发展而向前。理想的形式不同，不同阶级也有不同的理想形式。

马克思在青年时期就表现出了对理想的描述，希望个人的幸福与全人类的幸福相融合，并紧密联系在一起。马克思主义始终贯穿着解放全人类的理想，为人类文明幸福的发展不断探索，并且随着时代的发展不断前进。

马克思的理想观是由其个人理想观和社会理想观所组成的，对个人的发展与社会的进步起着不可或缺的作用。一是马克思的个人理想观，表达了人们对自由全面发展的渴望，强调了人的全面发展对实现共产主义的作用，体现在理想道德等方面。马克思主义个人理想主要体现在道德理想、职业理想和生活理想三个方面。马克思的道德理想观一直都是无产阶级思想道德的精华，对无产阶级拥有高尚的道德品质给予了高度认可。马克思的道德理想观进一步规范了人的道德行为，并且为个人理想与社会理想找到平衡，成为一套比较完整的道德体系和评价标准。马克思的职业理想观在他读中学时就已经初步形成，把个人理想和人类的幸福融入职业观当中去。在个人职业理想中，不仅是满足自身需求，还需要服从整个社会的公共利益，在此基础上进行社会分工，获得劳动机会。马克思的生活理想观体现在社会主义制度下能更好地满足人类的物质需求，不再是人剥削人的资本主义社会，能更好地实现个人理想。二是马克思的社会理想观，揭示了资本主义的本质，并站在广大工人阶级的立场上，阐述了工人群体对共产主义社会的共同美好向往。在共产主义社会中，没有了阶级的对立，人们的个人素质得到了极大的提高，物质生活极为丰富，社会的理想就成为了个人理想的总和。

一、教师理想的内涵

所谓教师职业理想，是指教师个体对教师职业的向往和追求，既包括对将来所从事的教师职业的追求，也包括对做一个什么样的理想教师的追求。教师的职业理想是伴随着教师职业的出现而产生的，教师崇高的职业理想来源于坚定的职业信念，它是在对教育的历史使命、教育事业的伟大意义的深刻理解的基础上产生的一种从事教育事业的志向、抱负和追求。

二、教师理想的作用

理想是前进的方向，是心中的目标。职业理想是职业素质的重要组成部分，有了崇高的职业理想才能产生良好的职业行为。人生发展的目标是通过职业理想来确立，并最终通过职业理想来实现的。

（一）教师的职业理想是其教育工作的根本动力

人民教师的重要责任是培养祖国的下一代，教书育人、助人成才都必须要有伟大且崇高的理想信念。做一名称职的好教师，应该把国家和民族的利益放在首位，把重大使命放在首位。与中国共产党始终保持一致，落实党的方针政策，加强政治理论学习，把坚定的理想信念落实到工作中，贯穿整个教育事业当中。人民教师的重要职责是传播知识，帮助广大学生筑梦圆梦。因此，理想信念在教育工作中起到了积极且不可替代的作用，把马克思主义、毛泽东思想、中国特色社会主义理论与实现中华民族伟大复兴的理想传播出去，让正确的理想信念在学生心中根植。职业理想是整个理想体系中的一部分，是实现职业发展目标的一个重要表现形式，是从事教育事业和开展各项职业活动的精神支柱，是做好一名教师的重要动力。有了职业理想，还要对其有高度的认同感，不然很容易偏离轨道，甚至是误入歧途。因此，对教师这一职业的理想及其认同尤为重要。

（二）教师的职业理想也是实现教师自我价值的精神动力

教师的职业理想是通过教育和教学工作，影响和培养学生们的思想品德，激发他们的学习兴趣和潜能，帮助他们成长为有用的社会人才。教师希望能够在教学中传递知识，引导学生健康成长，是实现教师自我价值的精神动力。同时，教师也希望能够不断提升自身的教育水平和教学能力，成为学生心目中的良师益友，为社会培养更多、更具贡献的人才。通过自己的努力和付出，让教育事业不断向前发展，为社会进步作出自己的贡献。

三、做一个有职业理想的教师

（一）要把个人志愿与社会需要结合起来

衡量一个老师是否是人民心目中的"好老师"，关键要看其是否怀揣正确的理想信念。"好老师心中要有国家和民族，要明确意识到肩负的国家使命和社会责任。"[①]好老师必须明确自己肩负的使命，将教育"培养人"的目标与使命牢记心头，好老师要帮助学生树立科学的理想信念。作为传道者，好老师首先要明道、信道，满怀对马克思主义信仰的认同，坚定科学的理想信念，时刻将为祖国培养合格人才的责任放在心上，以传播真理、塑造灵魂为己任。"好老师应该做中国特色社会主义共同理想和中华民族伟大复兴中国梦的积极传播者。"[②]好老师不仅应是专业过硬、技术过强的"经师"，还应是"解疑释惑"的"人师"，直面社会热点与问题，以坚定的理想信念、扎实的学识与理论为学生解惑。

（二）要正确看待苦与乐

世界上没有那么多很顺利的事情，即使有也是极个别的。绝大多数人要承受生活的磨难。同样，教师要想成为名师，也必须经受苦难与磨炼。也许有的人的成长过程会比较顺利，但要想成为名师，就必须在自设的艰苦环境中磨炼。所谓艰苦环境，即要求自己做困难的事情，为自己设置障碍、规定目标等。只有这样，教师才会很快成长起来。

我们知道，天下没有免费的午餐，天上也不会掉馅饼。教师的成长必须经历一个勤奋刻苦的奋斗和漫长的积累过程。企图一举成名、两天速成，那是梦，不是生活。教师专业成长应该勇于面对成长中的疼痛。

📖**案例：**

有一种成长叫"痛，并快乐着"

襄城县库庄乡第一初中教师　库亚鸽

蝉为了唱响一个夏天，要在地下沉潜17年，还要承受撕裂自己的疼痛，才能完成生命的蜕变。我想，作为一名教师，也只有经过长久的沉潜和自我超越的疼痛，才能真正成长起来。

我1994年师范毕业后回到乡村小学任教，没有感到太大的压力。教学随心所欲，非常浪漫。我可以在语文课上教孩子们唱歌、画画，也可以在课堂上给孩子们读《安徒生童话》《格林童话》……1999年，我作为县优质课选手、教坛新秀，被调到库庄乡一中。这是一

①习近平.做党和人民的好老师——同北京师范大学师生代表座谈时的讲话[N].人民日报，2014-09-10.
②同上。

所声名远播的农村中学，教风好、学风正，教学质量高。我生怕在新学校落后于人，自己买了各种教学资料，每晚备课到深夜，每节课都上得小心翼翼、战战兢兢。我的教学从此由浪漫转入精确，我把全部精力用于钻研教材，从此告别了心爱的童话。学生的成绩很好，我年年被评为县优秀教师。但天天埋头教参，天天领着学生抠课本，谈不上专业发展，更没有精神的丰富和自由。时间一长，便感到身心疲惫，越来越烦躁。

一节语文课上，有个男生拿着小镜子在照。我走过去，夺过镜子，啪的一声摔在地上。他从座位上一跃而起，对我怒目而视。我大声训斥道："上着课照镜子，你真是臭美啊。"他眼神里是不可遏止的愤怒，拳头握得紧紧的，冲着我大吼一声："你再说一句试试！"几个同学把他拉了出去。事后，他找到我，直接地说不喜欢上语文课，没意思。我突然觉得自己的人生失去了意义和价值。我是一名教师，却不能得到学生的认可和尊重，我是多么的失败！

那一段时间，真的很痛苦。我想起刚毕业时的满怀激情，想到自己做教育家的梦想，想到我还有几十年的教学生涯，怎能就这样疲惫地过下去？我决心找回激情，找回尊严。

那时，襄城县对教师素质的提升越来越重视，教师培训的次数也越来越多。在别人对培训抱怨的时候，我却觉得正是这一次次的培训拯救了我，使我开始了一段新的教育旅程。

第二次遭遇疼痛是在参加新教育实验之后。我在2008年5月加入新教育教师专业发展项目。有了共同体的引领，我近乎疯狂地进行专业阅读，每年的阅读量将近两百万字，开始了真正的专业成长。2009年暑假，我参加了网师古典诗词的共读，主持了两周的"每日一诗"。9月，我被邀请为《唐宋词十七讲》的讲师。从学员到讲师，我一下子手足无措。网师教务长魏智渊老师一再催促我制订授课计划、课程主题帖，我却始终理不出头绪。当时刚开学，班里一大堆事，还要完成学校布置的各项任务，县教师进修学校又让我在县骨干教师培训中讲公开课、作报告……我真是焦头烂额。我向魏老师诉苦，提出辞去讲师职务。魏老师告诉我，成长必须穿越痛苦，每一次磨炼都是成长的契机。我痛苦地思索了好几天，决定即使再痛苦也要坚持。多少个夜晚，我拿着《唐宋词十七讲》一页一页仔细地阅读，一笔一笔认真地批注，一字一字写下自己的理解。有好几次夜里零点已过，我给魏老师留言，希望得到他的指点，他的回复马上就过来了。我想到在这样的深夜里挑灯夜战的绝不是我一个人，于是重新抖擞精神投入到研读中去。

记得在"符码联想"这一部分授课时，气氛异常热烈，讨论深度大大超过了预期。魏老师夸我备课用心，下了大功夫。我在课程总结中写道："这个课程中受益最大的不是学员，而是我自己，我从中体验到了成长的痛苦和幸福。"

我想，我正是在一次又一次的疼痛中成长起来的。当我被评为感动襄城教育人物、许昌市名师、许昌市劳动模范、河南省教学标兵、河南最具成长力教师的时候，当我获得全国教学成果展示一等奖的时候，我感受到的，不是荣誉所带来的辉煌，而是精神的丰富和自由所带来的喜悦。

（原载于2011年5月25日《教育时报》）

第二节　教师义务

义务是人类社会生活中普遍存在的道德关系和道德要求，也是伦理学中最重要的范畴之一。无论人们承认与否，在社会关系中生活的每一个人都必然要承担一定的责任或义务。正如马克思所说："作为确定的人、现实的人，你就有规定，就有使命，就有任务。至于你是否意识到这一点，那是无所谓的。"

一、教师义务的内涵

义务，从一般意义上来讲，就是对他人或社会做自己应当做的事情，就是对他人和社会做与自己的职责、使命、任务相宜的事情，或者是指个人对社会、对他人应尽的责任。在人类的社会生活中，有各种不同性质的义务：道德义务、政治义务、法律义务，教师义务、家长义务、学生义务，等等。我们这里所研究的是教师义务。教师义务是指教师在教育工作中应该承担的职责、使命和任务，它对教师的教育行为具有客观约束力。

所谓教师义务，是指教师在教育实践中所表现出来的对社会、集体、学生应当承担的职责和自己应该做的事情。它具有两方面的含义：一方面是社会对教师在履行职业义务时提出的道德总要求；另一方面是指教师自己意识到社会对教师提出的各种道德要求的合理性，因而自觉地把遵循教师职业道德原则、规范及要求看作自己对社会、对教育劳动应尽的责任。

教师义务有其自身的职业特点：首先，这是教师职业道德要求教师绝对服从的、应当做的事情，存在着"道德命令"的因素。在义务中不仅包括个人对社会的最高义务，也包含着个人对自己的最高义务。教师只有具有强烈而坚定的自觉责任感，才会产生一种迫使自己忠实地履行教育义务的要求。这就需要教师首先懂得教师义务的具体内容，明白履行义务的重大意义。其次，教师义务是教师的一种社会属性。它使教师往往渴求并善于用对社会教育事业有益或有害的观点来评价自己的行为，用在教师工作中起主导作用的原则、规范和要求来衡量自己的行为，把个人需求与现实可能性加以对比，服从社会教育事业的根本利益，进而使教师更有意识地深刻认识自己的义务并加以履行，合理地把握自己的教育工作权利和义务。最后，教师义务既是社会、教师集体用于调节教师个人行为的手段，也是从教师个人的责任、良心和荣誉的角度出发调节教师教育行为的手段。由此看来，在社会主义条件下，培养广大人民教师认识和自觉履行教育义务、提高教师道德水平是非常重要的。

二、教师义务的作用

（一）可以减少和协调教育活动中的矛盾和冲突

教师的社会关系大量地、经常地表现在与学生的关系以及与其他教师、学生家长、学校领导的关系上。这些关系处理得好坏，直接影响教育教学效果。教师与学生的关系应该是尊师爱生的关系；与其他教师的关系是互相配合、团结协作的关系；与学校领导的关系是领导与被领导的关系；与学生家长的关系是互相配合、共同教育学生的关系。当教师明确了自己的义务之后，他就会积极协调各方面的人际关系，主动调节自己的行为，更加严格要求自己，发自内心热爱自己的学生，主动团结同事、联系家长、服从领导，顾全大局，减少和协调教育活动中的各种矛盾和冲突，创造和谐的教育环境。

（二）有益于在教学工作中培养高尚的道德品质

教师义务对教师的知识水平、业务能力、道德品质、心理素质等诸方面都提出了明确的要求。教师要完成这些义务，履行教书育人的神圣职责，就必须不断地提高自己的业务水平和加强思想道德修养，克服各种困难和干扰。而要做到这些，需要教师对自身从事的事业有着坚定的信念和热爱，也就是高度的事业心和责任感。一个教师明确了自身的义务，坚定了自己的责任感之后，就会把自己全部的赤诚和心血投入到祖国的教育事业中，用理论充实自己、用美德净化自己，无私奉献，达到"春蚕到死丝方尽，蜡炬成灰泪始干"的崇高境界。

（三）有利于培养学生的义务意识

教师的行为和处事方式对学生具有示范和引导作用。教师有责任保障学生的权益，包括受教育权、人身权等。教师的道德行为将直接影响学生的认知和行为。通过正确的道德综合判断，教师可以做出符合学生利益的教育决策，确保学生在教育活动中受到公平和尊重，有助于促进学生成长发展，培养他们正确的义务意识。

三、教师义务感的培养

努力提高自己对道德义务的认知水平。虽然拥有关于道德义务的知识并不一定会直接导致及时或合适的道德行为，但对义务的认知，尤其是建立在情感体验基础上的真正的认知，肯定会对教师义务感的增强和教师义务的践行有非常重要的意义。

努力提升自己对教育事业的意识水平。教师对道德义务要有较高的认识水平，一个重要的因素是提高教育事业意识水平。教育义务不可能孤立地存在于主体的价值体系中，当教师有较强的教育事业意识时，教师就会很自然地将教育道德义务视作理所当然的事情，并严格执行；而当教师对教育工作本身毫无热情时，任何道德义务的认知与教育都不可能被主体认同与内化。

第三节　教师良心

一、教师良心的内涵

道德意义上的良心，是伦理学的基本范畴之一，是指人在履行对他人和社会的道德义务时，对所负道德责任的内心感知和对道德行为的自我评价能力，即人对其道德责任的自觉意识。教师的良心，是指教师对自己在教育劳动中所应负道德责任的自觉认识和评价，是教师特有的一种道德意识。这种道德意识，是教师在教育职业生活中、在履行为社会教书育人的义务过程中产生和形成的。它既体现为教师职业意识中的一种强烈的道德责任感，又体现为教师依据一定的道德准则对自己的行为进行自我评价的能力。作为一种道德责任感，它是教师对社会和学生的义务感的强烈表现；作为一种自我评价的能力，它是一定的道德原则和规范在教师内心深处形成的稳定的信念和意志。就其全部内容讲，它是一定的道德观念、道德情感、道德信念和道德意志在教师职业意识中的有机统一。

二、教师良心的作用

教师的良心，是教师道德觉悟的综合表现，是教师道德的灵魂。一个没有良心的教师，是不能正确履行教书育人职责的。因此，它的产生、形成和发展对调整教师的行为始终具有很大的能动作用。

（一）教师的良心是决策中心

所谓决策中心，主要是指它对教师的行为起着选择与指令的作用。也就是说，它对行为的动机要进行自我审定，并依照良心所具备的道德判断力，对符合道德要求的行为动机予以肯定，对不符合道德要求的行为动机予以抑制或否定，为具体的行为指引符合道德要求的路线。

（二）教师的良心充当着道德的向导

所谓道德向导，主要是指它对教师行为的行进方向起着调整和控制作用。它监督着行为过程的发展，对符合道德要求的情感、信念、意志给予支持、鼓励和强化，对不符合道德要求的欲念、冲动等，就要充分发挥良心的导向作用，加以调整和制止。

（三）教师的良心是内在的法庭

所谓内在的法庭，主要是指它对教师行为的后果要起着审查与评价作用。良心在内心法庭上，既是公诉人，又是审判官。做了不道德的事，良心会审判、责备自己；做了道德的事，良心上会产生满足感，会感到欣慰。良心作用的充分发挥，主要是在行为之后。一个教师在总结回顾自己一生时，往往会产生最深刻的良心发现，就是这个道理。

总之，良心在道德领域里有着巨大而多方面的作用，它左右人们道德意识的各个方面，贯穿人们行为的始终，是教师道德生活中重要的精神支柱和精神向导。在当前，广大教师自觉树立高尚的道德良心，对加强社会主义精神文明建设、净化社会风气，更具有广泛的作用。

三、教师良心的形成

教师的良心，是在一定的社会关系和物质生活条件下，通过教师在教育实践中对自身所承担义务的深刻体验和认识而逐渐形成的。

（一）要正确认识良心的起源和本质

关于良心的起源和本质等问题，马克思主义产生以前的中外伦理学家们，均未能从人们的物质生活条件和社会关系中去进行考察。他们或者认为良心是一种先天的"良知"，或者把良心归结为某种"绝对精神"，或者把良心仅仅看作人的一种自然情感，甚至认为动物也有这种"自然情感"。马克思主义伦理学产生以后，第一次科学地揭示了良心的本质，阐明了良心的社会内容。马克思主义伦理学认为，良心既不是什么天赋的神秘现象，也不是人的"自然情感"的再现，而是由人们的物质生活条件和社会关系决定的。不同的物质生活条件和社会关系，产生不同的"良心"。正如马克思所说："共和党人的良心不同于保皇党的良心，有产者的良心不同于无产者的良心，有思想人的良心不同于没有思想人的良心。"[①]良心的本质实际上是一定社会关系和道德关系在人们头脑中的反映。教师的良心，乃是教师对社会和学生的义务关系在教师内心的反映，是外部的义务要求转化为教师内心的道德要求和个人品质的结果。教师要形成自己正确的良心观，首先就要对良心的起源和本质有正确认识，继而树立正确的良心观。

（二）要深刻理解一定社会的道德关系

无论教师个人或教师集体的良心，虽然表现形式是主观的，但内容是客观的，都是教师对一定社会道德关系的自觉反映和深刻理解。作为教师良心的一个重要方面的道德责任感，是教师在深切体验和认识到自己对学生、对社会客观上所承担的教育义务时，才产生和形成的。同样，作为教师良心另一个方面的自我评价能力，反映的也是客观存在的一定社会或阶级的道德要求。没有一定社会或阶级的道德要求，或者这些客观要求不被教师所理解，没融入教师的内心信念，也不可能形成教师在道德意识中的自我评价能力。因此对于一个教师来说，只有自觉认识和深刻理解一定社会的道德关系，才能形成教师良心。

①中共中央马克思恩格斯列宁斯大林著作编译局.马克思恩格斯选集（第6卷）[M].北京：人民出版社，2006：152.

（三）要自觉地进行自我教育

教师的良心，区别于教师责任的明显特征，在于它是一种"道德自律"，是存在于教师内心的自我道德信念和要求。因此，教师良心的形成，在很大程度上取决于教师自己在社会和教育实践中的自我修养和自我教育，取决于教师对一定社会或阶级的道德要求，由"他律"变成"自律"。一名教师，只有在自己的教育实践中，不断用教师道德规范对照检查自己、解剖自己，加强自我修养、自我教育，才能形成自己完美高尚的良心。

第四节　教师公正

教师的公正，是一项重要的教师道德要求，也是教师必须具备的道德素质。一个不公正的教师，是学生最不能原谅的。

一、教师公正的内涵

公正作为一种道德意识概念，是指人的一种高尚的道德境界，即为人处世达到公平正直的程度。公正总是与无私为伍，只有无私的人，才能在为人处世中做到公正。公正又是无邪的，无邪则需要诚实和勇敢，所以公正又是基于诚实基础上并与勇敢相结合的一种美德。自古以来，人们赞美正义、正直、刚直不阿，赞美打抱不平的人和事，都意味着对公正形象的爱慕，以及对公正境界的向往和追求。教师道德中的公正，是指教师在教育实践活动中为人正直和处理各种关系时符合公认的道德准则。特别是在对待和评价自己的学生时，教师公正与否至关重要。这不但是社会、他人和学生对教师的基本道德要求，也是教师个人应有的道德品质。很难设想，一个没有公正品质的教师，能真正热爱每一个学生，能正确地对待和评价他人，能为社会主义教育事业作出大的贡献。

二、教师公正的作用

（一）有利于教师获得良好的教育效果

教师的教育活动，是教师和学生的一种特殊的双边活动。在这种特殊的双边活动中，如果只有教师的主导作用，而无学生的能动作用，教育效果是很难达到的。要想使自己的教育活动获得最佳效果，实现预期的目的，其中一个很重要的因素，就是教师要能公正、正直、善良、无私地对待每一个学生。如果一个教师不公正、有偏心，不但不能激发学生的学习积极性，还会给学生造成思想混乱。正如苏联教育家凯洛夫指出："教师对学生的态度如果不公正，例如把学生分为喜爱的和不喜爱的，这些都会破坏师生之间的正常关系，破坏师生之间的团结，妨碍教育工作的进行。"

（二）有利于教师树立良好的威信

威信，是教育者在教育对象中所享有的威望和信誉，是教师成功地开展教育活动的重要条件。教师威信的产生，不外乎两个原因，一是权力性影响，二是非权力性影响。权力性影响由三种因素构成：一是传统因素，二是职位因素，三是资历因素。这些均是教师威信形成的外界因素。非权力性影响，则是由教师自身的素质和言行所决定的。相比之下，非权力性影响是一种更为深刻持久的影响，它主要由四种因素构成，即教师本身的品格、才能、知识、感情。其中，品格因素是形成威信的本质和基础。在品格因素中，公正又是关键，学生对教师最不能原谅的品格缺陷就是不公正。一个教师只要公正，即便是其他方面有些缺点，也有可能在学生中建立起应有的威信。

（三）有利于学生养成健康人格

公正，是学生信任教师的基础。教师做到了教育公正，就能营造健康的教学活动氛围，调动每个学生的学习积极性，形成良好的班风。相反，如果教师在对待和评价学生时不能做到公正无私，对那些成绩优、相貌好、肯听话、有亲缘关系的学生有意无意地偏爱、偏袒，就会使这些学生滋长盲目的"优越感"，看不到自己存在的缺点，盲目自负，不肯专心学习，其结果往往阻碍了他们的健康成长。如果教师对那些成绩差、脾气倔、不听话的学生态度冷漠、厌弃歧视，不能实事求是地发现他们身上的积极因素，也会使这些学生内心对教师的不公正感到痛苦和愤怒、感情压抑和心理失衡，从而对学习逐渐失去信心。教师在处理班级事务时，不能够伸张正义、主持公道，就等于向班集体投放了腐蚀剂。那些被错误奖励的学生会受到嘲笑，被错误处罚的学生会怨恨老师、怨恨班干部和"打小报告"的学生；被疏远的学生会冷淡受宠的学生，受宠爱的学生会受到孤立。这样，班集体就会四分五裂，犹如一盘散沙。许多事实证明，青少年特别渴望公正、友好、人道的道德关系。教师公正与否，会对学生的学习生活造成愉快或不幸等不同的结局。教师只有在教育劳动中恪守公正的道德原则，才能为教学活动创造健康而良好的教育氛围，使每个学生认识到自己的学习潜力，依靠个人的努力，争取得到良好的评价与成绩。正如苏联教育家赞可夫在《和教师的谈话》中所说："公正应该给一个人及其周围的人们带来利益。从童年起培养儿童的公正时，在对待他们的态度上也应该是公正的。"可见，教师的教育公正将会使学生从公正、友好、人道的人际关系中受到感染和教育，并在教师的影响下，逐步培养公正的品格，对社会、对他人采取公正、友好、人道的态度，进而养成亲善社会、友好他人的健康人格。

三、教师公正的培养

（一）要树立正确的公正观

人们对公正的理解是具有历史性、阶级性的，是受一定社会历史条件和社会制度制约的。

时代不同，社会关系发生变化，公正这一概念的内容也随之而改变。在以私有制为基础的阶级社会里，这一概念对不同的阶级来说，其内涵也是截然不同的，绝不可能有全社会普遍承认的公正。正如恩格斯所说："希腊人和罗马人的公平观认为奴隶制度是公平的。1789年资产阶级的公平规则要求废除被宣布为不公平的封建制度。"[①]无产阶级的公正观，是历史上劳动人民公正美德的继承和发扬，它的突出特点是以人民的利益为处事的最高标准。在社会主义历史条件下，与人们的根本利益是一致的，因此就为人们的公正相处提供了前提，并使人们有可能普遍达到一种公正的道德境界。从事社会主义教育事业的教师，由于教书育人的特殊需要，更应加强自己的马列主义理论学习，提高自己的社会主义觉悟，树立正确的公正观，这样才能像现实生活中一些优秀教育工作者那样，在教育实践中真正做到公正无私。

（二）要自觉培养公正的品质

教师的公正品质，是教师道德中的一个有机组成部分。首先，它要求教师在道德意识上要忠于人民的教育事业、襟怀坦白、光明磊落、充满无私奉献的精神；反对阳奉阴违、口是心非、言行不一、沽名钓誉。其次，它要求教师在工作中要认真负责、踏实肯干、精益求精、讲究实效；反对华而不实、弄虚作假、投机取巧、误人子弟。最后，它要求教师在人际关系中要为人正派、耿直豪爽、待人诚恳、无私无邪；反对拉拉扯扯、吹吹拍拍、虚情假意、阿谀奉承。一个教师应当在树立正确的公正观的前提下，努力使自己具备这些公正品质。

（三）要恪守公正的道德立场

教师在教育活动中，无论是教书育人还是待人接物等，都应坚持公正的道德立场、道德标准。凡是有利于人民教育事业的事，就坚持，就维护；凡是违背人民教育事业要求的错误的东西，就坚决反对，坚决抵制。特别是对学生更应一视同仁，全面关心和爱护，反对偏教偏爱。在评定学生思想品德和学生成绩时，要坚持原则、实事求是，反对感情用事、营私舞弊。在招生、毕业生分配和向上一级学校及用人单位保送或推荐毕业生时，要坚持按政策办事，反对拉关系、开后门、说人情、搞行业不正之风。在职称、工资评定或评选先进时一定要公正、严肃、慎重，反对自我吹嘘、夸大成绩、文过饰非，对别人吹毛求疵、嫉妒或排挤。在坏人坏事面前，要大胆揭露、敢于斗争，把个人得失置之度外，反对麻木不仁、明哲保身。总之，一个教师一定要在正确公正观的指导下，努力培养自己的公正品质，坚决恪守公正的道德立场，严格秉公办事。否则，不仅会玷污教师的公正形象，而且还会直接损害人民的教育事业和学生的利益，成为学生不欢迎的教师。

①中共中央马克思恩格斯列宁斯大林著作编译局.马克思恩格斯选集（第20卷）[M].北京：人民出版社，2006：113.

第五节　教师荣誉

一、教师荣誉的内涵

荣誉是指一定社会或集团对人们履行社会义务的道德行为的肯定和赞赏，是特定的人从特定的组织和人群中获得的积极评价。在公有制社会，人民成为国家的主人，社会主义事业成为全体人民的共同事业，在这个伟大的事业中，人们尽心尽责，在履行义务的同时享受自己的权益。在公有制社会，荣誉被赋予了新的内容。无产阶级荣誉观认为：荣誉是个人在为社会履行义务后，得到社会的肯定和赞赏。它包括两方面，一方面是履行义务后，社会的肯定和赞赏；另一方面是履行义务后，个人情感上的满足，即个人的尊严与自豪感。荣誉只有与义务联系起来，才具有真正的道德内涵。荣誉既具有社会性又具有职业性，对社会有突出贡献的人们，社会赋予他们相应的荣誉称号，如"劳动模范""文明家庭"等。同时，对不同的职业，在本职业为社会作出贡献的人们，授予不同的荣誉，如军功章授给军人，生产标兵授给工人，种田能手授给农民。尽管人们的职业不同，荣誉称号不一，但都体现了各行各业为国家作出的贡献、承担的义务。

教师的荣誉就是教师在履行义务后，社会与成员给予的肯定和赞赏，以及教师所产生的情感上的满足，即教师的尊严感和自豪感。教师的荣誉促使教师自尊、自爱、自信、自强，更好地承担社会赋予的重任。教育荣誉包括：

以从事和献身教育事业为荣。"人类灵魂的工程师""阳光下最崇高的职业"，这些肯定教师、赞赏教师的话语使得教师在情感上得到满足，他们忘我地投入到这项伟大而又平凡的事业中，用辛勤的汗水和全部的智慧，祛除人类的愚昧，传播社会的文明，促进社会的发展。

以学生成才为荣。教师最大的荣誉莫过于自己亲手培养的学生走向社会后，成为社会有用之才，为社会作出贡献。无论是在学校还是社会，当教师看到学生信任、尊敬的目光时，哪一位教师不感到欣慰；看到自己的学生一个个成长，哪一位教师不感到自豪。教师以学生为荣，以学生的进步和成才为荣，已构成了教师荣誉的重要组成部分。

以学校荣誉为荣。学校是教师工作和学习的场所，是教师职业的象征，而教师在社会事务活动中，往往是代表学校参与。学校的荣誉就是教师的荣誉，社会对一所学校的肯定，就是对全体教职员工的肯定。教师要珍惜学校的荣誉，在社会生活中，注重自己的形象，维护学校的声誉，努力为学校增光添彩。

以个人劳动获得社会肯定为荣。社会对教师个人的肯定，体现了教师个人较好地履行了社会赋予的职责，也体现了教师个人在社会上的价值，所以，教师以获得社会的肯定为荣。诚然，荣誉赋予的是少数有突出贡献的教师，但教师主观上能感受到社会对教师工作的肯定，从而更加努力地为教育事业贡献自己的全部力量。

二、教师荣誉的作用

教师荣誉是推动教师履行教师职业道德义务的巨大的精神力量。在教师的职业活动中，正确的荣誉观具有非常重要的作用。

首先，教师荣誉是教师道德行为的调节器，对教师的道德行为、品质取向具有导向和制约的作用。教师履行义务后，社会是给予肯定还是否定，通过社会舆论反馈到教师面前，教师经过内心体验之后，成为教师良心的组成部分，如自尊心、自强心、知耻心等，从而更好地指导教师履行义务。荣誉也是一把尺子，它鼓励教师选择符合教师道德要求的行为，谴责邪恶与不道德的行为，提高教师辨别是非的能力，有利于教师培养高尚而又完美的良心。

其次，教师荣誉是激励和推动教师积极进取、努力工作，更好地履行教师义务的助推器。教师的荣誉也是教师献身教育的内在动力之一。教师通过荣誉的外在客观表现和内在的主观感受，认识到从事教育事业的光荣，他们以自尊、自重、自爱的心理来对待自己的工作，从而树立牢固的职业道德观。在现实生活中，绝大多数教师不为利动，安心从事教育事业，就是因为他们从平凡的工作中看到了对社会不平凡的贡献，在培育人才过程中享受到了个人的荣誉。

最后，教师荣誉是促进教师自身道德发展和完善，形成良好师德风尚的重要精神条件。荣誉感人人都有，教师的荣誉感更为强烈。社会对教师履行义务后的肯定或否定，对教师都会产生触动。因为教师的工作是教书育人，荣誉又具有榜样性。社会对教师的肯定，对教师起着鼓励和鞭策作用，它促使教师正视成绩、克服不足，在今后的工作中，更加锐意进取，以保持取得的荣誉，从而形成良好的师德风尚。

三、如何提升教师荣誉感

提升教师职业荣誉感，一方面需要政府和社会把尊师重教落到实处，切实提高教师的地位。政府可以通过制定相关政策和法规，提高教师的社会地位和待遇，确保教师的工资福利、职业发展和晋升机会等方面得到合理保障。社会应该加强对教师的尊重和认可，鼓励家长、学生和社区成员对教师表示感激和支持。媒体可以积极宣传教师的优秀事迹和贡献，树立正面的教师形象。提供更多的教师培训和进修机会，帮助教师不断提升自己的专业能力和教学水平。同时，建立健全的评价体系，公正评估教师的教学质量和成果，为优秀教师提供晋升和发展的机会。这些措施有助于提升教师职业荣誉感，但需要政府、教育部门、学校和社会各界的共同努力来实现。

另一方面需要教师正确对待和争取荣誉。第一，调整价值取向，以教书育人、培育人才为荣。教师献身教育事业是因为热爱，而非为了追求荣誉。当然，教师出色地履行义务后，社会会授予教师应有的荣誉，目的是希望教师保持荣誉，再接再厉，为社会作出更大的贡献。荣誉的取得并不是义务的结束，而是对教师今后的义务有更高的要求。荣誉代表着教师的过去，要保持荣誉，必须做出更为出色的成绩。一个教师不很好地履行义务，就难以得到荣誉，即使得到也是"徒有虚名"。一个真正的人民教师，应以事业为重，不应把事业看成取得荣誉的手段，而要把荣誉看成事业的起点，在奋斗中享受到内在的快乐和荣誉。第二，珍惜教师荣誉，维护教师专业荣誉和尊严。教师个人在荣誉面前，要谦虚、不骄不躁。对社会给予的荣誉，要珍惜和爱护。教师要有自知之明。教师个人荣誉的取得既是教师集体劳动的结晶，也是教师个人努力的结果，要"百尺竿头，更进一步"，虚心向他人学习。对名不符实的荣誉，要坚决抵制。对骗取荣誉的行为，要坚决斗争。即使教师个人的贡献没有得到社会的肯定，教师也应该自尊、自重、自爱、自强，为教育事业不改初衷、埋头苦干，甘做教育战线上的无名英雄。荣誉是暂时的，事业才是永恒的，为教育事业做无名英雄，无上光荣。第三，加强教育宣传，争取社会对教师工作的理解和支持，同时教师也要不为名所累，潜心育人。加强对教育的宣传和普及，提高社会对教育的重视程度。教育部门可以组织各类教育活动，增加公众对教育的了解和参与，让教育成为全社会的共同责任。通过教师的教学成果、学生的优秀表现等案例，展示教师的专业能力和影响力，让社会更加了解教师的价值。通过宣传教师的先进事迹和教育成功案例，展示教师在教育教学中的创新实践和积极影响力，激发社会对教师工作的认同和支持。另外，教师也需要保持专注于育人的初心，将学生的成长和发展放在首位，注重培养学生的综合素质和创新能力，而不是过分追求个人荣誉和名利。通过专注教学工作，教师可以更好地影响和塑造学生的未来。

第六节　教师威信

一、教师威信的内涵

威信是"威"与"信"的结合，"威"指尊严，"信"指信服。威信是一种社会现象，指的是个人、社会群体对其他人的一种影响力。所谓教师的威信，就是指教师具有那种使学生感到教师有尊严且信服的精神感召力，是教师对学生在心理和行为上所产生的一种崇高的影响力，是师生间的一种积极肯定的人际关系的表现。威信不同于威严，威信能够使学生信服，乐于亲近教师，而威严则会使学生对教师产生惧怕心理并敬而远之。权威有时使学生口服心不服，而威信能够使学生心悦诚服。苏联教育家马卡连柯曾肯定地说："威信本身的意义，在于它不需要任何证明，在于它是一种不可怀疑的长者资望及其力量与品质。可以说，这种声望、力量、品质，连在单纯的儿童的眼里也是明白的。"可见，威信在教育活动中所产生的影响力比威严或权威深远得多。

有威信的教师就是学生的典范和榜样，能够生发出"亲其师，信其道"的效果。具体来讲，教师的威信对学生的作用主要表现为三个方面：第一，教师的威信是学生接受其教诲的前提，学生相信教师指导的真实性与正确性，能积极主动地接受指导。第二，有威信的教师的言行易于唤起学生相应的情感体验，从而增强教育的效果。他们的表扬能引发学生的愉快、自豪等积极情感，产生要学得更好的愿望；他们的批评能引起学生的悔悟、自责、内疚等消极情感，产生自觉改正错误的愿望。第三，有威信的教师被学生视为心目中的榜样。学生会产生模仿教师的愿望，从而使教师的举止言谈都具有教育的力量。

二、教师威信的形成

（一）教师威信形成的基本条件

1. 高尚的思想道德品质

"学高为师，德高为范"，教师要将师德寓于教学与生活中，潜移默化地影响学生。在学校的各项活动中，教师与学生朝夕相处，其一举一动、一言一行，都会对学生产生至关重要的影响。在思想品质上有缺陷的教师不可能在学生中有威信。有威信的教师的共同特点是：政治信念坚定，忠于人民的教育事业，对学生有一种无私的奉献精神，为学生的成长呕心沥血，对教育有高度的责任感和自豪感，工作兢兢业业、诚实开朗、公正热情、大公无私等。教师具备高尚的思想道德品质是树立威信的关键。

2. 渊博的知识

几乎所有的学生都喜欢和敬佩有能力、有本事的教师，无不被教师渊博的知识与深入浅出的教学艺术所折服。在素质教育的今天，要想给学生一杯水，教师不仅要有一桶水，还要保证这"一桶水"不是"死水"，而是源源不断的"活水"，给学生的"一杯水"也是常流常新的"新水"。这样，教师在学生眼里将永远是个"上知天文，下知地理"的"万事通"。学生会从心底佩服教师，教师在学生中就能树立威信；反之，教师会在学生中降低威信。

3. 高超的教学艺术

教学艺术是指教师在课堂上遵照教学法则和美学尺度的要求，灵活运用语言、表情、动作、图像组织调控等手段，充分发挥教学情感的功能，为取得最佳教学效果而进行的一套独具风格的创造性教学活动。教师高超的教学艺术，能使学生学得扎实而灵活、轻松而愉快，使学生陶醉于课堂教学艺术，并留下难以磨灭的美好回忆。同时，教师会因高超的教学艺术而在学生的心目中成为榜样和追求目标，这些都会提高教师的威信。

（二）教师威信形成的影响因素

除以上三点会影响教师的威信以外，下面的因素也会影响教师威信的形成。

一是优良的心理品质。有威信的教师都具有优良的心理品质，他们对学生有着深深的爱，关心学生，爱护学生；在工作中表现出坚强的意志，有毅力，有韧性；能真诚地与学生相处，能容忍学生的缺点、错误并予以正确的纠正；勇于自责，富有自我批评精神等。

二是得体的仪表。一个人的仪表与他的精神风貌紧密相连。教师的仪表包括教师的穿着、举止和情态，其反映的是教师的精神面貌。教师朴实无华、衣着整洁、自然大方，表现出内在美与外在美的和谐统一，可以给学生留下精神饱满、积极向上的印象，增强对学生的吸引力。

三是良好的第一印象。学生往往对初次接触的教师特别敏感，充满着新奇和期望，教师的一言一行都会引起他们的高度注意。如果师生初次见面，教师表现出较高的教学艺术和组织教育教学的能力，并使学生感到和蔼可亲、平易近人，就会很快获得学生的敬重。因此，应当力求给学生留下良好的第一印象，如教师课前准备充分，态度沉着、自然且亲切，教学内容丰富，教学方法精心设计等，就会给学生留下深刻的"心理定势"，这是建立教师威信的重要环节。

四是师生平等交往。教师的威信是在长期与学生的平等交往中形成的。在平等交往中，一方面，师生关系处于亦师亦友的平等地位，学生容易产生近师、亲师、信师的心理效应；另一方面，教师主动关心、爱护、体谅学生，满足学生沟通和求知的需要，师生感情就会融洽，教师的威信就能迅速在学生中建立起来。当然，教师的威信也会随师生关系性质的变化而变化。已建立威信的教师如果不严格要求自己、不平等对待学生，或是在与学生交往中犯了错误而不认真改正，他的威信就会下降，甚至丧失；相反，原来在学生中威信不高的教师，通过努力改变与学生交往的态度，能平等对待学生，满足学生合理的需要，那么他的威信也可能随师生交往的增强而提高。

三、教师威信的维持与发展

教师威信一旦形成，就具有一定的稳定性。但这种稳定是相对的，只要教育对象和客观条件发生了变化，教师威信就会受到影响。因此，维护和发展已经形成的教师威信也应该与时俱进。教师威信的维持与发展主要包括：一是巩固已经获得的威信；二是将不全面的威信发展为全面的威信，将发展低水平的威信发展为高水平的威信；三是防止威信的下降和丧失；四是提升威信的教育影响力。金无足赤，人无完人，一个教师要具有全面的威信其实很困难。维持与发展教师威信，应从以下方面努力：

（一）有坦荡的胸怀、实事求是的态度

有威信的教师并不一定必须是没有一点错误、缺点的完人。教师存在这样那样的问题是难免的，关键在于是否有坦荡的胸怀，是否敢于实事求是地承认并及时纠正自己的缺点、错误；能否容纳自己的差错、学生的过失；是否对自己和学生的错误实事求是，不斤斤计较，也不只顾着自己的颜面，不顾学生的感受。只有做到胸怀坦荡、实事求是，才能让自己的威信得到巩固和增强。

（二）正确认识和合理运用自己的威信

一个有威信的教师是不能随时随地倚仗自己的威信行事的。教师对威信必须有正确的认识，将威信与威严严格区分开来。威信不同于威严，不能滥用。教师不能为了维护自己的尊严，依靠自己的威信而去做失信于学生的事情，否则就可能出现教师为了维护自己的威信而不恰当地运用威严，从而削弱学生对教师的信赖感和尊崇心理。这样，最终会导致教师威信的降低，甚至丧失。

（三）不断进取的敬业精神

敬业是教师师德的核心内容。敬业精神是教师对教育事业执着追求的内在动力，是每一个教师必须具备的素质。尤其是在现代社会，各个领域都在飞速发展，人们一时的疏漏可能使自己落后于他人。那么，作为学生培育者的教师更应该顺应时代潮流，去发展自己各方面的能力和素质。只有这样，才能满足学生们不断发展变化的需求。通过自身不断地进取，可以让学生对教师的敬佩之情一直延续，稳固在学生心目中的地位，维护教师的威信。

（四）言行一致，做学生的楷模

在学生心目中，教师是自己学会学习、学会生活、学会做人、学会发展的榜样。教师一旦在学生的心目中有着崇高的形象，学生也会有意无意地去模仿自己的教师。在这种情况下，教师应当时刻注意自己的言行，使自己的言论和行为一致，努力维持自己在学生心中的楷模地位，教师的威信自然会得到维持，更可以得到发展。

一、课后思考

1. 教师理想是如何指导教师行为并对教师个人发展产生影响的？

2. 良心在教师职业道德中扮演什么角色？请结合实际例子说明。

3. 讨论在多元文化背景下，教师如何确保教育公正的实施？

4. 在当前社会环境下，教师职业道德范畴面临哪些新的挑战？教师应如何更新和适应这些变化，以维持职业道德的高标准？

二、教师资格考试真题练习

1.【单选题】教师良心可以体现在教育工作的每个环节中,其中(   )是由教师的劳动特点决定的。

    A. 恪尽职守   B. 自觉工作   C. 爱护学生   D. 团结执教

2.【单选题】(   )是教育工作者道德觉悟的综合表现,是教师的道德灵魂。

    A. 教师修养   B. 教师能力   C. 教师感悟   D. 教师良心

3.【单选题】年轻的男老师王勇在课堂上与男生互动多,与女生互动很少,理由是"避免别人认为我与女生太亲近"。王老师的做法(   )。

    A. 合理,体现教育智慧   B. 合理,符合传统观念

    C. 不合理,违背因材施教的原则   D. 不合理,有悖公平待生的理念

4.【单选题】有的学校对表现不好的学生让其佩戴"绿领巾"、脸上盖上"蓝印章",对表现好的学生让他们穿上与别人不一样的"红校服"。这些学校的做法,违背了(   )。

    A. 教师良心   B. 教育公正   C. 教师义务   D. 教师责任

5.【单选题】下列表述中蕴含的教师伦理范畴与其他三项不同的是(   )。

    A. 要成为孩子真正的教育者,就要把自己的心奉献给他们

    B. 凡是不能为爱他的人活着的人,就根本不可能成为真正的教育者

    C. 培养儿童的公正品德时,教师在对待他们的态度上也应该是公正的

    D. 凡是教师缺乏爱的地方,无论品格或其智慧都不能充分自由地发展

6.【单选题】教育中教师的使命是给予而非索取,并且教育劳动的成果必须通过对方才能得到肯定,即教师的幸福是被给予的,说明教师幸福具有(   )。

    A. 精神性   B. 关系性   C. 集体性   D. 无限性

第八章 教师职业道德基本规范

学习目标:

1. 了解教师职业道德规范基本要求,包括爱国守法、爱岗敬业、关爱学生、教书育人、为人师表、终身学习等。

2. 结合实践理解中小学教师道德规范和要求。

3. 领会新时代立德树人的内涵和好教师的标准。

问题情景:

张桂梅老师投身教育事业,数十年扎根云南边疆民族山区,淡泊名利、甘于奉献,克服种种常人难以想象的困难,创造了一段不平凡的历史和人生。她先后荣获"全国先进工作者""全国十佳师德标兵""中国十大女杰""全国五一劳动奖章""中国十大教育年度人物""全国最美乡村教师""云岭楷模""全国优秀教师""全国三八红旗手""全国教书育人楷模""全国脱贫攻坚奖贡献奖"等荣誉。作为一名乡村教师,她的工作极其平凡,但她的事迹感人肺腑,激励着每一个人不断前行。《中国好人》颁奖词这样评价她:"他乡的生活提纯着您温暖的善良,人生的苦难从未撼动您执着的坚强;没有孩子,却被几百个孩子称呼为'妈妈';日子清苦,内心却总能安享另一种阳光……"张桂梅老师以自己的实际行动,为我们树立起了一座时代的精神丰碑。

问题: 作为一名准教师,你从张桂梅老师的事迹中,感悟到了什么呢?

2008年9月,教育部和中国教科文卫体工会全国委员会联合颁发了新修订的《中小学教师职业道德规范(2008年修订)》(以下简称《规范》)。《规范》将我国中小学教师应当遵循的职业道德规范概括为爱国守法、爱岗敬业、关爱学生、教书育人、为人师表、终身学习。新《规范》不仅承袭了我国悠久的师德传统,还深刻体现了在新时代背景下,经济、社会及教育进步对中小学教师道德品质与职业行为的新要求,爱与责任构成了其核心精髓与灵魂所在。新《规范》对教师职业道德具有指导作用,是调节教师与学生、教师与学校、教师与国家、教师与社会相互关系的基本行为准则。

第一节　爱国守法

一、爱国守法的内涵

爱国守法，作为职业道德教育的恒久主题，是每一位公民，尤其是人民教师，必须坚守的首要道德准则。热爱祖国是千百年来逐渐形成的一种深厚的道德情感，是道德要求、政治原则和法律规范。市场经济是法治经济，必须依靠法律，才能维持一个公平的市场秩序。爱国就必须守法。"爱国"是调节公民与祖国之间关系的道德要求、政治原则和法律规范。作为道德规范，"爱国"要求每个公民都应当把热爱祖国作为自己神圣的道德义务和责任，热爱祖国的锦绣河山，珍视同胞的深情厚谊，敬仰祖国的辉煌文化，眷恋自己的国家，树立民族自尊心、自信心和自豪感，关心祖国的命运，为维护和争取祖国的独立、统一、富强和荣誉贡献自己的一份力量；作为政治原则，"爱国"意味着个人在行动中应当以国家利益为重，不做损害国家利益的事情，同时积极为国家的繁荣和发展作出贡献；作为法律规范，"爱国"意味着遵守国家的法律和规定，不做违法的事情，确保个人行为符合国家法律的规定，并且遵循国家制定的法律条例，为国家的稳定和发展作出努力；作为道德要求，"爱国"意味着在道德上对国家忠诚，积极传承国家的优秀传统文化，弘扬民族精神，同时也坚守基本的公民道德，不做有损国家形象和社会和谐的行为。因此，"爱国"作为调节个人与国家关系的政治原则、法律规范和道德要求，要求个人在政治、法律和道德规范的约束下，保持对国家的忠诚，遵守国家法律和规定，同时还要把爱国情感转化为实际行动，为国家的繁荣和发展做出努力。

"守法"作为道德规范，旨在促使公民不仅具备知法、懂法、守法的法律意识，更要将这一意识转化为实际行动，依法行使权利，自觉履行义务，确保言行与法律要求相契合。

"爱国"是最基本的道德标准，是公民遵守各种道德规范的前提和基础；"守法"是"爱国"规范的延伸。爱国与守法是有机统一的，爱国必须守法，守法是爱国的重要表现和必然要求。"爱国""守法"之所以被列为公民基本道德规范和中小学教师职业道德规范的第一条，是因为二者同为道德底线，是每个公民必须具备的最重要的道德品质。公民无论其社会地位、政治立场或是思想信仰等有何不同，都不妨碍其成为爱国者和守法者。

教师职业的特殊性，决定了他们必须成为爱国守法的典范。教育乃国家、社会与未来的百年大计，身为肩负此重任的教师，不仅要以身作则，践行爱国守法精神，还需不断探索有效的爱国守法教育路径与方法，以培育学生的道德品质。教师的职责不仅是教书，而且是育人，爱国守法教育则是育人的重要内容。所有这些都要求教师成为爱国守法的模范。

二、爱国守法是教师职业的基本要求

相关链接：

> 热爱祖国，这是一种最纯洁、最敏捷、最高尚、最强烈、最温柔、最有情、最温存、最严酷的感情。
>
> ——苏霍姆林斯基
>
> 国家是大家的，爱国是每个人的本分。我认为，只要脚踏中华大地，口食华夏五谷，身着祖国衣裳，无论年龄性别，皆应心怀爱国之情。
>
> ——陶行知

《规范》中"爱国守法"的具体要求是："热爱祖国，热爱人民，拥护中国共产党领导，拥护社会主义。全面贯彻党的教育方针，自觉遵守教育法律法规，依法履行教师职责权利。不得有违背党和国家方针政策的言行。"

（一）热爱祖国，热爱人民，拥护中国共产党领导，拥护社会主义

这是针对教师政治生活提出的基本要求，它反映的是教师应具备的政治思想、政治情感和政治立场。苏霍姆林斯基曾说过："对祖国的忠诚要靠忠诚地为祖国服务来培养。"人民教师的爱国深情，体现在他们对教育事业的热爱上，他们以满腔的热情投身于教书育人，全力以赴地为祖国培育英才。全国首批特级教师霍懋征是这样说的："我知道孩子是祖国的花朵，是祖国未来的建设者，爱孩子就是爱祖国，我要把热爱祖国、热爱教育事业之情，倾注到我的学生身上，全身心地投入小学教育事业中。"北京市景山学校特级教师马淑珍是这样说的："我虽然天天战斗在三尺讲台上，每节课教儿童识几个汉字，但这几个汉字却连接着祖国。"确实，教师对祖国的爱，既体现在霍懋征老师对教育事业的坚定追求和卓越贡献上，她不仅在小学教育领域留下了不可磨灭的印记，而且通过她的教学实践和教育理念，激励了无数学生和教育工作者，又如同马淑珍老师对教学每一个细节的精心打磨一样，展现了教师对祖国的深情和对教育事业的不懈追求。归根结底，评价一名教师是否具有爱国主义思想素质，关键在于他是否对教育事业有强烈的责任感和使命感，是否愿意为所爱的工作和学生无私地奉献。教师应超越名利，不计较个人得失，全心全意地投入教育工作中，将培养国家的下一代视为自己的责任，忠诚于职责，为国家尽忠，为人民造福，为国家的教育事业作出贡献。

在教育领域，支持中国共产党的领导不仅是人民教师应具备的政治意识，也是中国教育事业取得辉煌成就的重要保障。教师需要坚定对中国共产党的信任，支持党的领导，学习党的理论，认真执行党的路线方针政策，坚持四项基本原则，积极参与党组织的活动。同时，教师还承担着引导学生正确理解党的历史、评价党的历史地位、坚定对中国共产党的信任、提升学生

政治素质的责任。因此，坚持中国共产党的领导，坚定对党的信任，成为教师政治素质和职业道德的重要组成部分。改革开放以来，我国在经济和社会发展上取得的巨大成就充分证明了中国特色社会主义适合中国的国情，符合全国各族人民的利益，是党领导人民找到的真正适合中国的发展道路。在当前阶段，人民教师肩负着培养社会主义事业的建设者和接班人的重任，必须坚定社会主义理想信念，坚持中国特色社会主义道路，坚持中国特色社会主义理论体系，并将这些信念传递给青少年。

（二）全面贯彻党的教育方针，自觉遵守教育法律法规，依法履行教师职责权利

教师在执行爱国守法的行为准则中扮演着示范角色，这同样涵盖了依法执教的职责。教育方针是指导国家在特定历史阶段实现其基本路线和任务的总纲领。根据《教育法》第五条，我国的教育方针旨在服务于社会主义现代化建设，满足人民需求，并与生产劳动和社会实践相结合，以培养德、智、体、美、劳全面发展的社会主义建设者和接班人为目标。教师需要在深刻理解和掌握国家教育方针的基础上，履行自己的职责。这意味着教师应基于社会和国家的需求，以促进学生的全面成长为目标，为社会主义事业培育出优秀的人才。

教师应当积极主动地研习并恪守教育法律法规，深刻领悟并掌握其精髓。依法执教不仅是教师的责任，也是成为守法公民的体现。强调依法执教对提升教师的思想道德水平至关重要，它能够激励教师更加关爱学生，积极主动地维护学生的合法权益；同时，依法执教还能够帮助教师依据法律法规进行教学活动，妥善处理各种关系，形成良好的师德，对社会风气的改善起到积极的引导作用。随着社会的不断发展，对教师的法律素养要求也在不断提升。教师在遵守法律、推广法治精神方面，应当成为学生的榜样。

（三）不得有违背党和国家方针政策的言行

这是对教师遵纪守法的最基本要求。它是通过对教师职业言行的约束，以显示"爱国守法"的严肃性。教师必须时刻注意自己的言行举止，无论在任何情况下都不能逾越底线，确保自己的言行始终与党和国家的方针政策相契合。

第二节　爱岗敬业

爱岗敬业是新时代教师职业道德的重要组成部分，也是各行各业普遍遵循的职业行为准则。这一准则常被概括为"干一行，爱一行，成一行"。它不仅要求从业者对所从事的职业怀有积极的态度和深厚的热爱，还要求他们具备扎实的工作能力和丰富的教育实践经验。因此，"爱岗敬业"不仅是从业者实现专业成长和持续进步的基础，也是确保其职业生命价值得以实现的关键。

教师是否能够践行爱岗敬业的原则，不仅关系到他们自身的专业发展和个人价值的实现，

而且对学生的全面成长和整个社会的进步都具有重要的影响。教师的爱岗敬业精神如同一股强大的动力，不仅能够点燃学生的学习热情，培养他们的求知欲和对专业技能的不懈追求，还能够为社会培养出更多具备责任感和创新精神的时代栋梁。因此，教师的爱岗敬业不仅是个人职业发展的需求，更是推动教育事业和社会整体发展的重要力量。

一、爱岗敬业的内涵

爱岗敬业是教师职业道德的核心，它涵盖了对职业的热爱与尊重，以及对岗位和事业的投入与忠诚。从内涵上讲，"爱岗敬业"可以分解为"爱"与"敬"、"岗"与"业"两个层面。"爱"与"敬"体现了教师对教育事业的深厚情感和职业态度，这种情感和态度基于对教育职责的深刻理解，并通过教育实践得到强化，包括对教育事业的认同、尊重、荣誉以及责任感、使命感和成就感。而"岗"与"业"指的是教师在教育领域的具体工作和对社会发展、人才培养具有重要意义的教育事业。

在教师的职业实践中，"爱岗"体现为对教育工作的热爱，"敬业"则体现为对教育职责的忠诚和尽职。爱岗与敬业如同鸟之双翼、车之两轮，相辅相成，缺一不可；爱岗乃敬业之基，敬业则是爱岗之深化与升华。没有对教育工作的热爱，敬业就无从谈起；而敬业也是对爱岗情感的进一步升华。爱岗敬业的教师，犹如那不熄的烛光，无须外界鞭策，便能自觉燃烧，全力以赴地完成每一项教育任务，照亮学生的前行之路。

爱岗敬业要求教师对教育事业、教师职业和具体岗位职责有全面而正确的认识。在教育实践中，教师应以积极的情感、坚定的信念和坚强的意志，完成各项教育任务。通过履行教书育人的职责，教师不仅能传承文明、培养社会所需人才，还能实现知识、情感、意志和行为的和谐统一。

爱岗敬业，不仅是教师个人职业生涯的璀璨明珠，更是整个教育事业蓬勃发展的坚实基石；不仅是教师专业成长和学生发展的基础，也有助于教师队伍的稳定和教师个体的持续进步；不仅是教师实现职业价值的保障，也是教育社会价值得以实现的关键。因此，教师应不断培养和提升自己的爱岗敬业精神，以更好地服务于教育事业，促进个人和学生的发展。

相关链接：

扎根 33 年站好乡村教师的讲台

——记 2024 年度全国教书育人楷模贺来虎

在第 40 个教师节到来之际，贺来虎老师被评为"2024 年度全国教书育人楷模"。贺来虎是内蒙古自治区巴彦淖尔市临河区第二中学副校长兼教师，扎根乡村教育 33 年，用爱心、耐心和匠心帮助乡村孩子跨越心理障碍、学习知识、学会做人。贺来虎老师长期兼任班主任并承担繁重的教学任务。他坚持小组合作的教学模式，倡导生活化课堂，实施适应学生的教学，开展校本研究，推进教育融合。他爱生如子，对经济困难的学生慷慨解囊，为身体虚弱的学生寻医买药，对学习困难的学生倾心辅导。他的事迹生动诠释了乡村教师的坚守与奉献，展现了新时代教师的高尚师德。贺来虎老师曾获全国模范教师、内蒙古自治区优秀教师、内蒙古自治区特级教师等荣誉。他的故事激励着更多教育工作者扎根基层，为乡村教育事业贡献力量。

（材料来源于2024年9月15日《中国青年报》）

二、爱岗敬业的具体要求

《规范》中"爱岗敬业"的具体要求是："忠诚于人民教育事业，志存高远，勤恳敬业，甘为人梯，乐于奉献。对工作高度负责，认真备课上课，认真批改作业，认真辅导学生。不得敷衍塞责。"

（一）忠诚于人民教育事业，志存高远，勤恳敬业，甘为人梯，乐于奉献

在职业道德层面，对任何行业的从业者都强调"敬业乐业"和"忠于职守"的重要性。教师作为教育事业的传承者，其对教育的热爱和忠诚被视为最基本的职业道德要求。忠诚于教育事业意味着教师应将投身教育视为荣耀，以奉献教育为乐事，拥有职业的自尊和自豪感，并为教育事业勤勉工作，全心全意，无私奉献。要真正做到这一点，对教师提出了以下要求：首先，教师需要培养职业荣誉感，坚定自己的职业信念。这意味着教师应认识到自己工作的价值，对教育事业持有崇高的敬意和热爱。其次，教师应有远大的志向，立志在教育领域取得成就，实现个人的人生价值。这表明教师应有明确的目标和追求，不断努力提升自己的教育教学水平。最后，教师应具备默默奉献的精神，淡泊名利，甘于在教育事业中充当人梯的角色。这要求教师在工作中不计个人得失，以学生的成长和发展为首要任务。在这些要求之下，教师的爱岗敬业精神熠熠生辉，不仅彰显了对教育事业的矢志不渝与深情厚爱，更体现在他们对工作的勤勉尽责与对学生的慷慨奉献之中。教师应以自己的实际行动，践行《规范》中对"爱岗敬业"的具体要求，为培养社会主义建设者和接班人贡献力量。华罗庚被誉为"中国现代数学之父"，是自学成才的典范。他不仅在代数、矩阵几何、多复变函数、数论等领域作出了杰出贡献，还被誉为解析数论的创始人和开拓者，其研究成果如"华氏定理"和"华氏不等式"在国际上享有盛誉。他为了我国数学事业的发展，不顾个人名利，对人才兼容并蓄，毫无门户之见，不遗余力地培养了一大批顶尖数学人才，如陈景润、王元、杨乐等，举不胜举。他不仅积极倡议在全国中小学推行数学竞赛，更身体力行，亲自编撰通俗易懂的数学课本，倾注心血于数学人才的培养之中，其用心良苦，可见一斑。他戏称自己的两个肩膀都要发挥作用，一肩挑起"送货上门"的担子，把数学知识送到群众中去；另一肩则当作"人梯"，让年轻一代踩着他的肩膀攀登数学的更高峰。华罗庚先生这种甘为人梯的精神和宽阔的胸怀正是他行为的动

力，使他在数学方面获得卓越成就的同时，也得到了人们对其人格的敬仰。

教师的工作既有艰辛也有甜蜜。教师应该学会品味工作中的甜蜜，体验职业的幸福感。想一想，通过教师的劳动培育出满园桃李，造就天下英才，这难道不是教师劳动的价值吗？当教师的生命从一代又一代的学生身上得到延续，这难道不是教师生命的意义吗？陶行知在南京东南大学工作期间，有一次访问同乡张国良的宿舍，看到门上贴着一张纸，上面写着："日出而作，日落而息，埋头苦干，不怠不逸。"陶行知沉思后对张国良说："这四句话中，有三句很好，但有一句需要改进。"张国良感到困惑："这四句话的意思都很好，而且相互关联，我正打算照着做，有什么问题吗？"陶行知指出第三句话："'埋头苦干'中的'苦'字可以改一改，换成'乐'字，怎么样？"张国良不解，问道："这不是违背常理吗？"陶行知解释说："怀揣苦闷之心工作，成效定然大打折扣。在开始工作之前，应该明白为什么要做，为谁而做，这样即使遇到困难，也不会觉得苦。如果带着苦脸工作，只会越干越苦，谁还会有动力继续呢？"张国良听后觉得有理，正要提笔修改，陶行知又说："还要改一个字，把'埋'字改成'抬'字就更好了。埋头盲目工作，即使碰壁也不知道原因，必然走弯路，事倍功半。至于'埋头'不闻窗外事，更是不可取！我们应当昂首挺胸，眺望远方，明晰前行的道路，洞察我们的未来与希望之光，唯有如此，方能激发不竭的工作动力，铸就事业的辉煌成就。所以，要乐在工作，就必须抬起头来，抬头才能乐在其中。我倡议以饱满的精神面貌投入工作，享受工作的乐趣，即所谓'抬头乐干'，而非一味地'埋头苦干'。"张国良接受了陶行知的建议，重新写了"抬头乐干"四个字贴在门上。在后来的奋斗过程中，无论遇到多少困难和挫折，陶行知始终坚持"抬头乐干"的原则，勇往直前，乐在其中，展现出革命的乐观主义精神。陶行知的故事对教师应以何种精神状态从事教育工作，具有深远的启示意义。

🔗 相关链接：

陶行知，中国人民教育家和思想家，放弃担任教育厅厅长和三青团书记的要职，选择回归教育本源，致力于乡村贫民教育。他以"生活即教育""社会即学校""教学做合一"的理念，创办了晓庄学校等教育机构，推动了乡村教育运动，为中国教育现代化作出了开创性的贡献，赢得了桃李满天下。这种令人敬重的人生选择，是与他淡泊名利的人生境界分不开的。他的人生格言是："捧着一颗心来，不带半根草去。"只有具有这种人生境界的人，才有可能作出那样的人生选择。

（二）对工作高度负责，认真备课上课，认真批改作业，认真辅导学生

爱岗敬业在教师职业中的具体体现，在于他们对教育职责的认真履行和对教育教学工作的深切负责。教师对工作的负责首先表现在备课和上课的认真态度上。充分备课是授课质量的基石，能显著提升教学的计划性和预见性，确保教师在课堂中发挥主导作用。因此，教师的职业

道德要求他们必须投入足够的时间和精力来准备课程。上课是教学过程的核心，是传授知识、激发学生求知欲、引导他们热爱科学和追求真理的重要途径。因此，教师认真授课是其职业道德的基本要求。

除了备课和授课，教师还需要在课后投入时间认真批改作业，并进行教学反思，以此来检验教学效果，总结经验，不断优化课堂教学。批改作业不仅是作业本上的标记，更是教师理解学生、重视学生问题并积极寻求解决方案的体现。此外，辅导答疑也是教师职责的一部分，它对于巩固课堂教学成果、适应学生的个体差异、实施因材施教至关重要。教师不应忽视这一环节，尤其是对某些方面有困难或存在心理问题的学生，教师应提供更多的个别辅导和帮助。

教师的职业道德要求他们以高度的责任心对待日常教学工作和学生。教师对待学生的态度和指导教学工作的价值观，在很大程度上取决于他们的职业良心。因此，教师对教育工作的责任心是其职业道德的重要组成部分。在教学实践中，教师的教学态度是衡量其职业道德水平的重要标尺。

（三）不得敷衍塞责

所谓敷衍塞责，指的是在工作中不负责任，仅做表面文章，一旦出现问题便推卸责任。"不得敷衍塞责"是对教师爱岗敬业的基本要求，教师必须严格遵守，违反者将受到行政处分或解聘。

相关链接：

教师敬业的 10 种表现：

1. 把教师工作当作终身追求的事业来做。

2. 把所教的每一个学生都当成自己的孩子。

3. 把促进每一个学生的进步作为自己的神圣职责。

4. 把每一节课都上成优质高效课。

5. 把读书学习作为丰富自我的终身爱好。

6. 把每一个教师看成携手共赢的亲密战友。

7. 把每一位家长看成平等协助的教育伙伴。

8. 把学校当成荣辱与共、休戚相关的家。

9. 把繁琐劳累的工作当作科研探索之路。

10. 把教育业绩视为自我生命光彩与价值的历史见证。

【问题探讨】

问题 1：教师是否必须终身从事教育工作，不能选择其他职业？

观点一：教师选择不转行应该是个人主动的决定。这种选择基于教师对自身和教育职业的深刻认识，是理性与情感的综合体现，而非外界强制的结果。教育工作的长期性和复杂性要求教师持续探索、保持忠诚，以实现职业价值。

观点二：教师可以选择其他职业，但学校应通过聘期约定等管理手段，确保教师队伍的稳定，减少对学生的负面影响。学校不应限制教师在履行约定后转行，也不应因此质疑其职业道德。

观点三：如果不合适，就应该改变。现代社会人才众多，学校不会因缺少某位教师而停摆。教师也有权追求多样化的人生体验，尝试不同的职业，这有助于他们找到更适合自己的岗位，为社会作出更大贡献。

问题2：如果教师对教育工作没有热爱和尊敬，但也不反感，仅凭良心工作，这是否不道德？

观点一：这不是不道德，而是道德修养水平有待提高。教师的职业道德修养是社会道德内化为个人品德的过程，存在不同水平。淄博市中小学教师职业道德考核情况显示，教师们在道德修养方面有着不同的表现，例如优秀、合格与不合格的评定。这表明，仅凭良心工作可能只是达到了基本的职业道德要求，缺乏长远的职业追求。因此，教师需要通过不断地学习和实践，提升自己的职业道德修养，以满足社会对教师更高道德标准的期待。

观点二：这是不道德的。教师的职责是教书育人，缺乏对教育工作的热爱和尊重，就无法完整履行教师职责，还会影响学生的全面发展。

观点三：这是道德的。只要教师凭良心工作，遵守职业道德的基本要求，不伤害学生，遵纪守法，他们的行为就是有道德的。

问题3：如何看待大多数教师终身从事教育工作，默默无闻，成绩一般？

观点一：选择教师之路，即是选择了崇高的事业。倘若教师流于平庸，难以培育出德才兼备之才，这无疑是对职责的辜负，亦是对道德的背离。

观点二：多数教师可能面临职业动力不足的现实挑战，这可能源于内部价值观和外部条件的共同影响。尽管我们鼓励教师追求高标准，但并非所有教师都能成为楷模。对于那些满足基本教学要求的教师，我们应给予理解，并探索提升他们职业动力的方法。

观点三：此乃教师个人的抉择，只要他们坚守职业道德之底线，我们应予以尊重，无须强加改变他们。

第三节　关爱学生

教师的道德精神核心在于对学生的深切关爱。正如古语所言："亲其师，信其道。"这表明学生首先要感受到教师的关爱，才愿意接受其教导。教育事业若缺乏爱心，就如同无源之水、无本之木。每位教师都应怀着一颗慈爱之心，平等对待每一位学生，确保他们都能获得应有的关怀。

　　教师的职责不只限于关注学生的学业成绩，更应涵盖学生的思想品德和行为习惯，关心学生的喜怒哀乐。正如俄国思想家别林斯基所说："教育者的责任何其重大，何其神圣，因为他掌握着一个人一生幸福的钥匙。"学生成长的关键时期往往是在学校度过的，教师的言行举止对学生的影响至关重要。教师对学生的关爱不仅关系到学生的学习状态和效果，更对学生性格的形成、心理品质的发展以及心理健康水平有着深远的影响。教师的心理健康状况直接关系到教育教学质量和学生的发展水平，如四川省的调研报告所示，教师的心理问题受多重因素的影响，包括年龄、教龄、地域和职称评审压力等。教师的良好心态和人格力量对学生心理品质的影响至关重要，正如英国教育学家哈特在 1943 年的调查中指出，受学生欢迎的教师往往具有良好的心态和人格特质。教师应以高尚的师德，关爱每一位学生，助力他们茁壮成长，最终成为德才兼备的社会中坚力量。

一、关爱学生的内涵

　　关爱学生是教师职业精神的核心，它要求教师以强烈的责任心和社会责任感为基础，关心和爱护学生，同时对学生提出严格的要求，致力于培养德才兼备、能够为社会主义建设作出贡献的人才。关爱学生的本质，在于全方位地促进每位学生的成长与进步。教师对学生的深切关爱，不仅是其高尚师德的坚固基石，更是驱动教师投身教育事业、精益求精的内在源泉。这种关爱是教师特有的职业情感，是建立和谐师生关系、推动教育活动顺利进行的关键。教师对学生的关爱也是其宝贵的品质之一。古罗马教育家昆体良曾指出，在教育过程中，教育者需要与学生建立深厚的师生关系，尤其是亲密的友谊。他强调，在这种情感的熏陶下，学生不仅会愉快地聆听教师的讲授，信任教师的指导，愿意效仿教师的言行，而且在犯错时能够接受纠正，不会感到愤怒；在受到表扬时会感到振奋，会以更加专注的学习态度努力赢得教师的赞赏和珍视。

二、关爱学生的具体要求

　　《规范》中"热爱学生"的具体要求是："关心爱护全体学生，尊重学生人格，平等公正对待学生。对学生严慈相济，做学生良师益友。保护学生安全，关心学生健康，维护学生权益。不讽刺、挖苦、歧视学生，不体罚或变相体罚学生。"

（一）关心爱护全体学生，尊重学生人格，平等公正对待学生

　　爱学生构成了教师职业道德的坚实基石，它要求教师以关心和爱护之心对待每一位学生，尊重其人格，确保公平公正。在教育实践中，教师应平等地关心和爱护每一个学生，不因他们的外貌、性格、性别或学业成绩而有所偏待。值得关注的是，对于那些学业上暂时落后或在行

为上需更多指导的学生，教师应给予更多的关怀与爱护。这种对所有学生一视同仁的关爱，体现了陶行知先生所倡导的"爱满天下"的理念。

要真正实现对学生的关爱，教师必须尊重每一位学生。苏霍姆林斯基曾指出，尊重学生是教育成功的秘诀。当教师给予学生尊重时，学生会感到自己的价值得到了认可，这将增强他们的自信心，激发他们前进的动力。学生感受到教师的尊重后，也会对教师产生敬爱之情，这有助于建立和谐的师生关系。

尊重学生首先要求教师尊重学生的人格和尊严，把学生视为具有独立思考和判断能力的个体。在教育教学中，教师应给予学生一定的自主空间，鼓励他们积极探索、独立思考和自我判断。面对学生在探索路上的错误，教师应凭借耐心与智慧，引领他们走出迷雾，而非仅仅施以责备或惩戒。此外，教师更应践行赏识之道，敏锐捕捉并褒扬学生的闪光点与每一步成长。正如马克·吐温所说，赞美如同阳光，对人的成长至关重要。教师的赞美和鼓励能够显著提升学生的学习积极性，这一点在教育游戏、课堂氛围以及学生参与课堂管理的研究中得到了证实，有助于学生取得更好的学习成果。

宽容，作为尊重学生的另一重要维度，要求教师在学生成长的必经之路上，以一颗宽广的心包容他们的每一个失足。对学生的批评和意见，教师也应保持开放和包容的态度，耐心倾听，虚心接受合理的批评，并与学生平等交流，共同探讨问题。

总之，关爱学生要求教师以尊重为基础，关心和爱护每一个学生，实施赏识教育，宽容对待学生的错误，并与学生建立平等、和谐的关系。这样的关爱不仅能够促进学生的全面发展，也是教师职业道德的重要体现。

案例：

"不听话押金"事件

前段时间，一网友称一位来自 × 省 × 县的学生家长反映 × 县 × 小学要求学生上交"不听话押金"，如果学生在校违纪，押金将会被逐一扣罚，直至扣完为止。

近日，笔者到 × 县 × 乡找到了反映学校收取"不听话押金"的学生家长罗先生。罗先生说，学校从网络曝光的收据照片上找到线索知道是他打了"小报告"，就和县教育局的相关人员到他家进行劝说，让他交出照片上显示的收费票据。

罗先生说，女儿五年级时转到该小学就读，令他气愤的是，这学期的收费多了一项"不听话押金"。据新华社报道，该小学要求学生上交"不听话押金"，如果学生在校违纪，押金将会被逐一扣罚。笔者看到，班主任老师亲笔写的押金条上写着："今收到 × 同学交来的 2014 年上半年在校就读押金人民币壹佰元整，督促该生在校遵纪守法，不无故在晚自习后到校外惹是生非，故班主任保管押金至学期末。"罗先生女儿说，上学期，班上的同学如果考试成绩低于 20 分，根据学校的规定，需要向老师缴纳一定金额的费用，金额在三四元到十元。这种做法在学生中引起了争议，因为这不仅增加了学生的经济负担，而且与教育法规定的财产权保护相违背。随后，笔者采访了六年级一班交过"不听话押金"的3个学生。他们告诉记者，班主任在上学期就对全班同学说"这学期开学后表现不好的同学，要给老师交押金"，由于自己平时表现不好，开学时老师要求交100元押金，交押金的时候自己和家长都在场。据了解，班主任在农村教书十几年，平日里在管理学生方面也有自己的一套方法。

"不听话押金"事件在网上曝光后，×县教育体育局当天组成调查小组到×小学进行调查核实并作出了《关于×小学有关收费问题的处理意见》。

点评：

这是一起关于"教育惩罚"的雷人事件。"不听话押金"或许无法真正改善孩子的不良表现，反而凸显了老师在教育惩罚上的无奈与尴尬。很多老师的困惑在于，既不能体罚学生，也不能变相体罚学生，那么在这种情况下，学生违反规定，老师还能做什么？2009年，教育部发布的《中小学班主任工作规定》明确赋予班主任在日常教育教学管理中采取适当方式对学生进行批评教育的权利，这一规定引发了社会的广泛讨论，反映了教师在行使批评权时所面临的困惑和无奈。

事实上，惩罚不等于体罚。惩罚是一种常规的教育手段，是对学生问题行为的一种强制性纠正行为，是在学生身心完全能够承受的前提下采取的教育措施，对学生能够起到教育和警示作用。而体罚是个别教育者对违反纪律的学生所实施的身心上的严重伤害，有悖于伦理道德。合理的教育惩罚可以使学生懂规矩、辨是非，促使其改过，同时带有警示作用，有助于维护集体纪律。同时，惩罚又是一种高妙的教育智慧，教育者使用惩罚时要明确其目的，要懂得惩罚只是一种手段而绝非最终目的。惩罚的目的是惩前毖后、维护纪律，使受惩罚的学生改过自新和健康成长，使大多数学生受到教育。如果这个目的不明确，教师就可能滥用惩罚，教师在惩罚学生时就可能带有个人情绪、抱有偏见，就可能有"教训"学生的心理，变为体罚学生。要针对不同时间、场合、违规程度，以及被惩罚对象的性格类型，机智灵活地选择不同的惩罚方式，而不能一成不变、千篇一律。比如，对于故意违纪的学生与过失违纪的学生，对初犯和屡犯，对性格外向和性格内向的学生，惩罚的程度及方式都应有所区别。惩罚手段的运用，必须与整体教育方法体系相融合，特别是要与说理、沟通、感化、激励等教育方法相结合。惩罚的目的是解决问题，如果达不到这个目的，惩罚就易产生消极作用。因此，在运用惩罚时，需精准把握尺度与时机，确保惩罚的实际效果，同时谨防副作用的产生。事实上，实施批评、检查、处分等惩戒学生的措施依然是教师的权利，并且人们无论在道义上还是理论上都是支持的，但它需要教师拥有更多的智慧去灵活运用。

（二）对学生严慈相济，做学生良师益友

教师的关怀对学生的影响深远，它不仅需要饱含温情和理解，还应适时地施以严格的要求。这种平衡的爱，既能够激发学生的潜能，又能促进其全面发展，是教育过程中不可或缺的。正如苏联教育家马卡连柯所言："我始终坚持的原则是，既要对人提出高要求，也要给予人高度的尊重。"任何卓有成效的教育都需要在严格与慈爱之间找到平衡，两者缺一不可，任何偏向都可能导致教育的失衡。在教育实践中，教师应精准拿捏严格与宽容之间的微妙平衡，适时地介入与放手，以促进学生健康成长。

教师在管理学生时，需要恰到好处地平衡爱与要求。具体而言，应遵循以下几个原则。

（1）严而有理：教师的严格要求应根植于青少年身心发展的自然规律与教育的基本准则之中，确保教育手段既科学又合乎理性。

（2）严而有度：教师应运用多元化的评估方法，如笔试、口试、实际应用评价法等，准确把握学生的学术表现、学习态度、知识掌握程度和技能发展，从而提出既符合学生实际情况又能得到学生认同的要求。

（3）严而有方：教师应采取有效的方法使学生愿意接受并执行自己的要求，激发学生的内在动力。

（4）严而有恒：对学生的严格要求需要长期坚持，稳定性是教育成功的重要因素。

在严格要求的同时，教师应关注学生的细微变化，及时进行引导和纠正，通过实施"四级预防"策略，预防问题的发生。

教师的关爱与严格要求相结合，旨在培养学生的责任感、自律性和解决问题的能力，同时保护和激励学生的创造性和个性发展。通过这种平衡的教育方法，教师能够引导学生健康成长，为社会培养出有能力、有责任感的公民。

（三）保护学生安全，关心学生健康，维护学生权益

教师对学生的关爱不仅体现在教育和教学上，更要确保学生的安全，这一责任在素质教育和可持续发展的理念中得到了明确的体现。新修订的《规范》中特别强调了"保护学生安全"的重要性，这标志着全国中小学教师需要遵循这一新的职业道德要求。中国教育科学研究院的研究员高峡指出，学生安全意识的提升与近年来频繁发生的学生安全事件密切相关。从汶川地震期间的教师行为争议，到学生人身安全事故，再到校车安全问题，学生的生命安全已经成为社会广泛关注的焦点和亟须解决的问题。

"保护学生安全"这一要求特别针对中小学生，因为他们大多数是未成年人。教师除了承担教育职责，还肩负着保护学生安全的责任。这要求教师在日常工作中加强对学生的安全教育，执行安全措施，提升学生的自我保护意识，预防潜在的危险，确保在组织任何集体活动时学生的安全是首要考虑的因素。教师的关心不仅有学生的身体健康，也包括他们的心理健康。面对这些尚未成熟的未成年人，教师需要成为他们在校园乃至社会生活中的引导者和组织者。

教师应全面关心学生的成长，这包括了解和关注学生的身体健康、思想发展和心理状态，教育学生珍惜生命，保持积极乐观的态度，勇敢坚强地面对挑战。此外，教师还需引领学生深刻认识自身的权利与义务，引导他们恰如其分地行使权利，自觉自愿地履行义务，一旦学生的合法权益蒙受侵害，便迅速而有力地采取行动，守护学生的权益。这些全面而细致的关怀与教育，无疑将为学生的全面发展与福祉奠定坚实的基础。

案例：

"范跑跑"事件

"范跑跑"，原名范美忠，1997年毕业于北京大学历史系。2008年5月12日汶川地震时，范美忠正在四川都江堰光亚学校上语文课，课桌晃动了一下，范根据对地震的一些经验，认为是轻微地震，因此叫学生不要慌。但他的话还没说完，教学楼就猛烈地震动起来。"我瞬间反应过来——大地震！然后猛然向楼梯冲过去。"后来，范美忠发现自己是第一个到达足球场的人，等了好一会儿才见学生陆续跑到操场，随后他与学生有一段对话：

范："你们怎么不出来？"

学生："我们一开始没反应过来，只看你一溜烟就跑得没影了，等反应过来我们都吓得躲到桌子下面去了！等剧烈地震平息的时候我们才出来！老师，你怎么不把我们带出来再走啊？"

范："我从来不是一个勇于献身的人，只关心自己的生命，你们不知道吗？上次半夜火灾的时候我也逃得很快！"

接着，范美忠对一位对他有些失望的学生说道："我是一个追求自由和公正的人，却不是先人后己、勇于牺牲自我的人！在这生死存亡的抉择之际，唯有为了吾女，我或许会考量牺牲自我之可能。至于他人，即便是我的母亲，在此情境之下，亦非我所顾念。因为成年人我抱不动，间不容发之际逃出一个是一个，如果过于危险，我跟你们一起死亡没有意义；如果没有危险，我不管你们，你们也没有危险，何况你们是十七八岁的人了！"

范美忠写道："这或许是我的自我开脱，但我没有丝毫的道德负疚感，我还告诉学生，'我也绝不会是勇斗持刀歹徒的人'。"这些话如一石激起千层浪，在论坛上炸开了锅，他因此被千万网友称为"范跑跑"。

事后，范美忠又发表了一篇《我为什么写〈那一刻地动山摇〉》的文章，并对网友的部分问题作了回答：我这些话在回去上课之后还会跟学生说也会跟其他人说。告诉学生也告诉其他人，你自己的生命也很重要！你有救助别人的义务，但你没有冒着极大生命危险救助的义务，如果别人这么做了，是他的自愿选择，无所谓高尚！如果你没有这么做，也是你的自由，你没有错！先人后己和牺牲是一种选择，但不是美德！从利害权衡来看，跑出去一个是一个。

（资料来源：游永忠等主编《思想道德修养与法律基础案例实训教程》，航空工业出版社，2015 年，有改动。)

点评：

2008 年的汶川大地震震惊世界，也感动着世界。在生与死的抉择中，涌现出了一批英勇的人民教师：东汽中学教导主任谭千秋老师，他死死护着桌下的 4 名学生；映秀镇小学的张米亚老师，他舍命救下了 13 名学生，却再也没能回来……然而"范跑跑"却选择了无视学生的生命，逃之夭夭，并振振有词。继后，安徽 × 县 × 中学的两名学生在课堂上打架，正在授课的杨 × 老师没有制止，而是坚持继续上课，导致一名学生死亡。杨的作为被网友称为"选择站在三尺讲台上当看客"，其本人也被冠以"杨不管"的绰号。

有人说："你选择了某种职业，其实你就选择了一份责任。"而保护学生安全，从教育的视角分析，是教师的第一责任，是教师的天职。从法律的视角分析，这是法律赋予教师的义务，因为中小学生是未成年人，保护未成年人是教师应尽的义务。

（四）不讽刺、挖苦、歧视学生，不体罚或变相体罚学生

对于教师而言，关爱学生是一项基本原则，其中最基本的要求就是不得对学生进行讽刺、挖苦或歧视，严禁体罚或变相体罚学生。这些行为会对学生的心理和身体健康造成深远的伤害，是教师职业行为中必须禁止的。尽管调查数据显示直接的体罚行为已显著减少，然而，对学生实施心理惩罚或变相体罚的现象依旧屡见不鲜。所谓的"心罚"，是指通过言语上的讽刺、挖苦或粗暴地谩骂来伤害学生的自尊心，侵犯他们的情感。变相体罚则包括了多种不同的形式，例如，将违反纪律的学生赶出教室、强迫他们站立、进行不必要的劳动，或在恶劣天气下受罚，或者对成绩不佳的学生施加额外的、重复性的任务，如抄写课文、做题或单词等。这些做法不仅给学生带来身体上的不适，更对他们的心理健康造成严重的影响。我们必须坚决反对并消除这些不当的教育行为。教师应致力于营造一个积极、健康、平等的学习环境，让学生在尊重和理解中成长。教师应通过鼓励、支持和正面引导来帮助学生改正错误，激发他们的潜能，而不是通过负面的惩罚手段。通过这样的教育方式，才能培养出健康、自信、有创造力的下一代。

📖 问题探讨：

问题 1：时下很多学校都在开展感恩教育，感恩的主要对象是家长和教师。时常耳闻这样的声音，当下的学生似乎缺失了感恩之心，视教师的关爱为理所当然，考上大学后，谢师宴竟成了回馈教师的惯常方式。教师对学生的关爱，是一种需要回报的恩情还是责任？

观点一：当然是恩情。教师辛辛苦苦，没日没夜地为了学生操劳，常常连自己的孩子都顾不上，还不是为了学生好？学生应该感谢教师的付出，没有教师，哪里有他们的今天？

观点二："恩情"的说法说是传统文化的产物，事实上，教育是国家的公益事业，公立

教育的经费主要来源于政府财政拨款、学杂费和社会捐赠等，体现了纳税人的贡献。随着政府从管理型向服务型的转变，教育领域也应进一步发展成为社会的公益服务，为学生健康成长而努力，是教师应尽的责任，不需要学生或家长额外表示感激。

观点三：这个问题应该一分为二地看待，一方面，教师对学生尽心尽力确实是自己的职业责任，谈不上对学生施恩，不能居高临下要求学生回报；另一方面，感恩教育也是学生健康成长中不可缺少的教育，但不能够采用物质手段，那样会使师生关系庸俗化。

问题2：在关爱学生以鼓励为主的大背景下，教师的困惑表现在这两个方面：一是不敢轻易批评学生，害怕出现问题，因而只能爱而不能罚，面对学生不符合规范的行为，许多教师感到无从下手。然而，通过理解学生的心理需求、建立良好的师生关系、制定明确的规则和纪律，以及采取具体措施，教师可以更有效地应对学生的不良行为。同时，加强家校合作也是解决这一问题的重要策略。二是教师发现，支持性成长环境和正面评价使得孩子越来越浮躁。那么，好孩子真的是夸出来的吗？为什么越夸越浮躁呢？教师的爱与严，何去何从？

观点一：好孩子当然是夸出来的，每个人内心最深切的渴望就是被认可和被尊重。儿童自我形象的建立来自外界的他人评价，"数子十过，不如奖子一长"，教师应该带着赏识的眼光不断赞美孩子。

观点二："自古雄才多磨难，从来纨绔少伟男。"一味地赞扬孩子，或许会使孩子不知天高地厚，因此，对孩子施以严格要求，方有助于其苗壮成长。

观点三：爱在左，严在右。尊重欣赏和严格要求相辅相成。但夸孩子不是手段，而是目的，是对孩子真心地接纳和欣赏。浮躁之根源在于浮夸。在教育孩子的过程中，教师若未能发掘孩子真正的闪光点，便会使孩子的成长与进步失去依托，进而导致孩子易于变得浮躁。

第四节　教书育人

教师的首要职责是教育和培养人才，这既是他们的基本职责，也是他们的核心使命。教书，意味着传授知识、技能和技艺；育人，则意味着引导价值观、启发心智和塑造精神。因此，教师传授的不仅有知识，还包括培养品德。教育的本质要求是既要教授知识，也要培养人才，这既是教师职业道德的基本规范，也是他们的责任和义务。

一、教书育人的含义

教书育人是师德修养的核心。教书是指教师向学生系统传授科学文化知识，旨在培养学生的科学文化素养，进而促进学生的智力发展；育人则是指教师通过教学活动和自身的模范行为，对学生进行思想品德教育，从而促进学生人格的健康成长。教书育人要求教师在遵循教育规律、实施素质教育、传授知识的同时，要结合所教学科特点将德育渗透到教学中，培养学生良好的品行，塑造学生健全的人格，促进学生全面发展。

教书和育人是不可分割的统一体，二者相互作用、相互渗透、相辅相成。其中，教书是手段，育人是目的。因为教育的根本宗旨在于通过教育培养出全面而完整的人。教书和育人紧密结合的结果，就是培养出德才兼备的合格人才。

教书育人是教育的中心工作。教书育人落实到教师职业行为上，就是通过教师的劳动培养人、塑造人，促进人的全面发展。教师在教育活动中，不但要给学生传授知识和技能，即教会学生如何学习，而且要对学生进行思想品德教育，即教会学生如何做人。教师职业是以教书育人为中心的职业，教师既承担着传播人类文化，开发人类智能，帮助学生形成科学正确的世界观、人生观和价值观，也承担着用人类崇高的思想、高尚的道德去塑造学生的灵魂，引导学生养成良好的行为习惯的使命。因此，教师塑造人类灵魂的神圣职责，集中地概括为"教书育人"。

二、教书育人的具体要求

《规范》中"教书育人"的具体要求：遵循教育规律，实施素质教育。循循善诱，诲人不倦，因材施教。培养学生良好品行，激发学生创新精神，促进学生全面发展。不以分数作为评价学生的唯一标准。

（一）遵循教育规律，实施素质教育

教书育人是师德修养的核心，强调教师要遵循教育发展规律，既要传授科学文化知识，又要进行思想品德教育，引导学生寻找生命的意义，实现人生应有的价值追求，塑造完美的人格。而实施素质教育就是遵循教育规律，以注重开发受教育者的潜能，促进受教育者德、智、体、美诸方面的发展为基本特征。在具体的教学中，素质教育就是要实现教书与育人相统一、传授知识和发展智能相统一、理论与实践相统一、教师主导作用与学生主体地位相统一、课内与课外相统一、面向全体学生与因材施教相统一，以及注重培养学生的自学能力、创造精神。

素质教育就要体现"以人为本"，体现全面育人。因此，在教育教学活动中，教师应将学生视为具有独特思想和个性的个体，通过制定个性化教学方案、创设多元化教学环境，引导学生自主学习和开展差异化评价，关注并尊重每个学生的个体差异。这样不仅能够促进学生个体潜能、智慧和创造力的充分发挥，还能帮助他们成为具有个性活力、人格完善和社会适应能力强的合格人才。

（二）循循善诱，诲人不倦，因材施教

教育应当遵循规律、循序渐进地进行，由浅入深、从表面到内在、从已知到未知，这体现

了教育的系统性和连贯性。"善诱"则强调教师在教学中应善于启发和引导学生，视学生为具有独立思考能力的主体，有计划地进行教育和引导，而不是简单地牵着他们走。"循循善诱"的道德规范突出了教育的启发和引导功能。

"诲人不倦"意味着教育者应保持耐心和毅力。教育是一个长期的过程，不能急于求成。正如"十年树木，百年树人"所言，教育的效果往往需要几十年才能显现。教师对学生的教育也是一个长期的过程，特别是针对学习习惯欠佳或学业表现不突出的学生，教师更需展现出极大的耐心与坚韧不拔的毅力，"诲人不倦"正是这种精神的体现。

古代教育家朱熹曾说："圣贤施教，各因其材，小以小成，大以大成，无弃人也。"这表明教育应注重因材施教。要做到因材施教，首先，教师要敢于面对学生的差异，把学生看作平等的、有区别的个体，而不是待加工的"零部件"。其次，教师应尊重学生的兴趣、爱好、性格等，基于每位学生的具体情况，为他们设定合理的期望，并制定个性化的发展目标。

正如著名教育家马卡连柯所说："教师既要尊重每个学生，又要向他们提出一定的要求。"教师应采用多种教学方法，让每个学生都能参与其中，成为课堂教学的主体，使每个学生的潜能得到最大限度的开发。

（三）培养学生良好品行，激发学生创新精神，促进学生全面发展

教育的起点和归宿都是人，其根本目的在于精心培育具有良好品行的新人。优秀的教师不仅仅是传授知识的"教书匠"，更是学生生活的导师，引领他们在道德培养和人格塑造上不断前进。教师是学生良好品行的启蒙者和塑造者。道德品质卓越的教师，犹如灯塔般引领着学生，让他们从中汲取关爱、平等、尊重与诚实的甘露；相反，品质低劣的教师，则可能成为反面教材，让学生不经意间沾染冷漠、散漫、虚伪乃至自私的尘埃。这些鲜活的道德实践，往往比空洞的说教更能深刻地塑造学生的美好品行。教师工作的基本目标是引导学生个体的成长，启迪他们对人生和世界的美好情怀，如爱、希望、信心、善良、诚实、正直等，通过塑造良好的品行，为他们的人生奠定坚实的精神基础。

在教学中，教师要实施创新教育，善于激发学生的创新精神。创新是一个民族进步的灵魂，创新教育旨在培养个性，激发学生思维灵感，增强学生的创新意识。面对知识日新月异的时代，新理念与新发明如雨后春笋般涌现，教育的核心使命，便是培养那些敢于创新、勇于探索的新型人才。创新教育的本质是培养学生的创新能力，其教育方式是自由、快乐的启发式教育，其核心是培养学生的创新思维，并促进学生各种能力全面发展的素质教育。学生创新精神的培养关键在于教师，只有具有创新能力的教师，才能培养出具有创新精神和实践能力的学生。

教书育人要促进学生的全面发展。联合国教科文组织在《学会生存：教育世界的今天和明天》一书中强调，教育应综合考虑个体的体力、智力、情感和伦理等多方面因素，旨在培养一个全面发展的人。陶行知也强调："教育就是培养真善美的活人。"因此，教育要促进学生的全

面发展。这要求教师在传授知识的同时，更加注重通过教育影响学生，提升学生的思想境界，培养学生健全的人格和良好的个性品质，引导学生树立正确的世界观、人生观和价值观。

（四）不以分数作为评价学生的唯一标准

教育的终极旨归，在于培育契合社会需求、德才兼备之人才。为达成此目标，须秉持正确的人才观，施以科学评价之法，引领教学活动，切忌唯分数论英雄。社会对人才的需求是多方面的，不仅包括学生的学术成绩，还包括他们的人际交往能力、吃苦耐劳的精神、敏锐的观察力等综合素质。

为了不将分数作为评价学生的唯一标准，教师需要注重发展性评价，用发展的眼光看待学生，采用赏识和鼓励性的评价方式，以增强学生的自信心。教师应该从多个维度对学生进行评价，采用综合性的评价标准。这样的评价方法不仅能够促进素质教育的全面实施，还能发挥积极的导向作用。

具体来说，教师在评价学生时，应该综合考虑学生的学术成绩、个人品质、创新能力、团队合作精神等多个方面，而不是仅仅关注学生的分数。教师应当激励学生展现个人特长，挖掘内在潜能，并积极培育其兴趣与爱好。教师还应该关注学生的情感发展，帮助他们建立积极的自我认知，提高他们的自我效能感。

此外，教师还应该与家长、学校和社会各方密切合作，共同构建一个支持学生全面发展的教育环境。家长需树立科学的教育观，全面关注孩子的成长，而非单一聚焦分数的高低。学校应致力于提供多元化的课程体系与活动平台，以充分满足学生的个性化学习需求，进而推动其全面发展。社会各界也应该为学生提供实践和锻炼的机会，帮助他们将所学知识应用于实践中，提高他们的实践能力和创新能力。

总之，教育要培养社会所需要的合格人才，就需要我们树立正确的人才观，采用合理的评价方式，注重学生的全面发展，为他们的成长创造良好的条件。只有这样，我们才能培养出既有扎实的学术基础，又有良好的综合素质，能够适应社会发展需要的优秀人才。

📖 **相关链接：**

十一类教师违反职业道德的行为将受到处分

2018年，教育部对2014年印发的《中小学教师违反职业道德行为处理办法》进行了修订。十一类教师违反职业道德的行为应予处置：

（一）在教育教学活动中及其他场合有损害党中央权威、违背党的路线方针政策的言行。

（二）损害国家利益、社会公共利益，或违背社会公序良俗。

（三）通过课堂、论坛、讲座、信息网络及其他渠道发表、转发错误观点，或编造散布虚假信息、不良信息。

（四）违反教学纪律，敷衍教学，或擅自从事影响教育教学本职工作的兼职兼薪行为。

（五）歧视、侮辱学生，虐待、伤害学生。

（六）在教育教学活动中遇突发事件、面临危险时，不顾学生安危，擅离职守，自行逃离。

（七）与学生发生不正当关系，有任何形式的猥亵、性骚扰行为。

（八）在招生、考试、推优、保送及绩效考核、岗位聘用、职称评聘、评优评奖等工作中徇私舞弊、弄虚作假。

（九）索要、收受学生及家长财物或参加由学生及家长付费的宴请、旅游、娱乐休闲等活动，向学生推销图书报刊、教辅材料、社会保险或利用家长资源谋取私利。

（十）组织、参与有偿补课，或为校外培训机构和他人介绍生源、提供相关信息。

（十一）其他违反职业道德的行为。

第五节　为人师表

作为教师，必须以身作则，成为学生的榜样，这是教师职业的内在要求，也是教师职业道德的基本准则。在中国传统文化中，对教师的为人师表有着严格的要求和期望。孔子曾说："其身正，不令而行；其身不正，虽令不从"，强调教师要以自己的言行去影响和感染学生，而不仅仅是依靠命令和强制。韩愈也提出："以一身立教，而为师于百千万年间，其身亡而其教存"，意味着教师的身教重于言教，教师的榜样作用可以超越时间和空间的限制，对学生产生深远的影响。这些古训都表明，在教育教学过程中，教师的为人师表具有极其重要的作用。教师的一言一行，都会成为学生学习和模仿的对象。教师的品德、渊博的学识以及严谨的作风，无时无刻不在潜移默化地影响学生。因此，教师必须严于律己，以高尚的师德、扎实的学识和良好的作风，为学生树立榜样，引导他们健康成长。

在新的时代背景下，为人师表的要求更加全面和严格。教师不仅要有扎实的专业知识，还要有高尚的道德情操，关心学生、尊重学生、爱护学生，公平公正地对待每一位学生。正如前面参考资料所述，教师应德才兼备、勤勤恳恳、博学多知、术业专攻、因材施教、不耻下问、谦虚谨慎，并且要着装得体。教师还要有创新意识和终身学习的精神，不断更新自己的知识，提高自己的教育教学能力，以适应时代的发展和学生的需求。

一、为人师表的含义

为人师表是教师职业的核心要求，也是教师道德修养的重要组成部分。在教育的广阔天地里，教师需以言行筑基、以身作则，化身学生的灯塔，彰显"学为人师，行为世范"的崇高境界，潜移默化地启迪学生心灵，引领其正向成长。由于教师职业的特殊性和示范性，教师需要时刻注意自己的言行举止，无论是在仪表、风度、人品还是人格方面，都要做到严于律己、以身作则，成为学生学习的榜样。

教师的职责不仅仅是传授知识，还包括引导学生形成正确的价值观和人生观。与其他职业相比，教师的职业道德对社会的影响更为广泛和深远。因此，教师需要具备高尚的道德品质、严谨求实的学风、认真细致的教风，以及健全的人格。教师的卓越品质与高尚人格，如同甘露润泽学生心田，其影响力之深，无可比拟。在学校，教师是学生的榜样，是知识的化身，是做人的楷模。教师的这种影响一旦内化为学生的内在品质，就会通过学生传递给社会其他成员，从而影响整个社会风尚。因此，教师需要不断加强自身的道德修养和个性修养，完善自己的人格，以更好地引导和帮助学生健康成长。教师应勇立潮头，成为引领社会风尚的先锋，切实担当起"人类灵魂的工程师"的重任，以培养英才为己任，为社会的进步与发展添砖加瓦、贡献力量。

二、为人师表的具体要求

《规范》中"为人师表"的具体要求：坚守高尚情操，知荣明耻，严于律己，以身作则。衣着得体，语言规范，举止文明。关心集体，团结协作，尊重同事，尊重家长。作风正派，廉洁奉公。自觉抵制有偿家教，不利用职务之便谋取私利。

（一）坚守高尚情操，知荣明耻，严于律己，以身作则

在教育教学的点滴中，教师的思想品德、教学风格、治学态度及行为习惯，如同春雨般润物无声，深刻影响着学生的成长。作为教师，首先要坚守高尚的情操，明辨是非，严格要求自己，以身作则。

教师通过自身模范品行的示范作用，对学生的学习态度、道德品质以及个性发展产生深远影响，这是教师职业道德的重要体现。在孩子们纯真的眼中，教师具有很高的权威性，他们往往认为"老师的话都是对的"。在许多情况下，教师是学生最重要的榜样和最直接的楷模。教师的一言一行，无论是思想的光芒还是品格的力量，都在不经意间成为塑造学生心灵的基石。因此，教师必须坚守高尚的情操，明辨是非，严格要求自己，做到言行一致、表里如一，才能成为学生的榜样。

为人师表，关键在于以身作则。教师的职责不仅限于传授知识，更在于通过自身的人格魅力去感化和教育学生，促进学生在情感、态度、价值观上的全面发展。俗话说，榜样的力量是无穷的。教师劳动的示范性特点决定了教师的思想观念、道德境界和理想信念都会对学生产生直接而重要的示范作用。教师的榜样示范作用，不仅是教育学生的有效法宝，更是引领学生成长不可或缺的钥匙。实践证明，教师善于以身作则，用自己的好思想、好道德、好作风为学生

树立好榜样，就能给学生以启迪和激励，引导他们健康成长，并使学生终身受益。

（二）衣着得体，语言规范，举止文明

教师的外在形象，诸如仪容仪表与言谈举止，宛如其道德风貌与审美情趣的一面旗帜，对学生起着潜移默化的示范与教育作用。

在着装方面，教师的衣着应符合职业特点、环境要求和审美标准。教师应保持衣着整洁得体、服饰朴素大方，避免蓬头垢面、浓妆艳抹或奇异发型。在学校，教师不宜穿着过于暴露、透明或紧身的服装。这样，教师才能树立良好的形象，赢得学生的爱戴和欢迎，给学生带来积极的精神影响。

在语言表达上，教师的语言应规范、文雅、亲切、自然。授课时，教师应使用文明语言，讲普通话，避免使用低级、庸俗的语言。教师的语言应力求精练、准确传达、言简意丰、生动鲜明、逻辑严谨，且蕴含美感。语速要适中，抑扬顿挫，流畅自然。在任何场合，教师都应讲究文明礼貌，自爱自重，尊重他人，保持良好的风范。在教育学生时，教师应避免使用刻薄蛮横的话语，以免伤害学生的心灵，不利于学生的健康成长。

在举止行为上，教师应稳重得体、从容可亲。个人的风度，乃气质、品德、情趣、文化素养及生活习惯之综合体现。首先，教师的举止应稳重，遇事要冷静沉着，泰然处之，控制情绪，约束行为，树立良好形象。其次，教师的举止应和蔼可亲。"亲其师，信其道"，在教育学生时，教师的态度要诚恳，使学生感到和蔼可亲。教师的一言一行都会对学生产生深远的影响，因此，教师要时刻注意自己的言行，以身作则，为人师表，成为学生成长道路上的引路人。

（三）关心集体，团结协作，尊重同事，尊重家长

教师在与学校集体、同事和学生家长的互动中，应遵循一系列道德规范，包括关心集体、团结协作、尊重同事和尊重家长。

首先，教师需要正确处理个人与集体的关系。教师的工作和成长都与集体紧密相联，因此，教师应自觉地将自己的发展与集体的命运紧密联系起来，依靠集体的力量来促进个人的成长。教师应具备大局观念，主动捍卫集体利益，心系集体发展，树立"校荣我荣，校耻我耻"的荣辱观，携手集体共赴成长之路。

其次，教师需要正确处理与同事的关系。在当代社会，双赢和互利是普遍倡导的原则，教师也应遵循这一原则。在教育教学实践中，适度的良性竞争能够点燃教师的积极性之火，激励他们在各自岗位上追求卓越、斩获佳绩。然而，这种竞争不应破坏教师之间的合作关系。教师之间应相互协作、互相学习，共同提高，共同进步，培养出合格的人才。

再次，教师需要正确处理与学生家长的关系。对待学生家长，教师应平等公正、以礼相待，充分尊重家长。在学校中，有时会出现教师对家长进行严厉批评的场景，这是不应该发生

的。面对学生犯错，邀请家长到校协同教育实属必要，但教师需谨言慎行，避免触碰家长自尊底线，更不可施以训斥，以免违背教师为人师表的职业操守。教师应与家长建立平等合作的关系，通过加强沟通和联系，形成教育合力，共同促进学生的健康成长。

总之，教师在与集体、同事和家长的互动中，应遵循关心集体、团结协作、尊重他人的原则。教师应自觉地将自己的发展与集体的命运联系起来，与同事相互协作、互相学习，与家长建立平等合作的关系，共同为学生的健康成长创造良好的条件。通过这样的互动，教师不仅能推动自身与集体的共同进步，还能为学生的茁壮成长撑起一片天空。

（四）作风正派，廉洁奉公

教师作为教育的引路人，肩负着培养下一代的重任，其作风和廉洁程度直接影响着学生的价值观和行为规范。因此，教师必须坚守"作风正派，廉洁奉公"的原则，以高尚的师德和廉洁的品行，为学生树立榜样。

坚守道德底线，保持作风正派。教师的作风正派体现在生活的方方面面。在工作中，教师应秉持公平、公正的原则，对待每位学生一视同仁，不偏袒、不歧视，确保教育的公平性。在课堂上，教师应以严谨的态度传授知识，不传播未经证实的信息或错误的观点，维护学术的严肃性和权威性。在与学生和家长的交往中，教师应保持适当的距离，避免与学生或家长发生不正当的经济往来或私人关系。教师应以教育者的身份与学生和家长沟通，关注学生的成长和学习，而不是利用职务之便谋取私利。

廉洁奉公，坚守职业道德。廉洁奉公是教师职业道德的重要组成部分。教师应自觉抵制各种形式的腐败行为，如收受学生或家长的礼品、礼金，或利用职务之便为个人谋取不正当利益。教师应以身作则，廉洁自律，为学生树立廉洁奉公的榜样。在教育工作中，教师应秉持公心，合理分配教育资源，确保每个学生都能享受到公平的教育机会。教师应积极参与学校的各项活动，为学校的整体发展贡献力量，而不是只关注个人利益。

以廉洁为镜，提升教育品质。教师的廉洁不仅是一种道德要求，更是一种教育品质的体现。廉洁的教师能够赢得学生的信任和尊重，为学生创造一个健康、公正的学习环境。教师应通过廉洁的行为，引导学生树立正确的价值观和道德观，培养学生的廉洁意识和社会责任感。在日常工作中，教师可以通过开展廉洁教育主题活动，如廉洁主题班会、廉洁故事分享等，将廉洁的理念融入学生的日常学习和生活中。同时，教师自身也应不断提升自身的廉洁修养，通过学习法律法规和职业道德规范，增强自身的廉洁意识和自律能力。

廉洁奉公，树立良好形象。教师的廉洁形象是学校和社会对教师职业的重要评价标准。廉洁奉公的教师能够赢得家长和社会的广泛赞誉，为学校树立良好的声誉。教师应以廉洁为荣、以腐败为耻，自觉遵守廉洁奉公的职业道德规范，为教育事业的发展贡献力量。在面对各种诱惑时，教师应保持清醒的头脑，坚守廉洁底线。教师应以廉洁奉公为准则，规范自己的言行举止，做到言行一致、表里如一。通过廉洁奉公的行为，教师能够为学生树立良好的榜样，为社会培养出更多廉洁奉公的优秀人才。

（五）自觉抵制有偿家教，不利用职务之便谋取私利

"补课"和"家教"曾经是学生心中充满温情的词汇。教师在课余时间无偿地帮助那些在某些领域有欠缺的学生，弥补他们的不足，这体现了教师职业的崇高精神。然而，随着市场经济的发展，人们开始接受"劳动有偿"的观念，有偿家教也逐渐被社会认可。但随之而来的问题是，有偿家教逐渐失去了它的初衷，影响了正常的教学秩序，给学生带来了沉重的负担。一些教师甚至为有偿家教而牺牲了正常的教学，课堂上故意留下一些问题，然后在家教中解决，这种行为严重违背了《义务教育法》的相关规定，偏离了教育家的精神内涵，将师生之间纯洁的关系变成了赤裸的金钱交易，扭曲了教师这一崇高的职业形象。

在新时期，自觉抵制有偿家教，不利用职务之便谋取私利，成为教师职业道德的新要求。有偿家教，表面看似教师牺牲休息时间换取报酬，实则是以职务之便谋取私利，牺牲师德，加重学生负担。此举不仅扰乱正常教学秩序，背离教育初衷，更玷污了教师职业形象。这种行为和现象，不仅广大家长和社会不能接受，广大教师也是不能容忍的。这种利用职务之便进行有偿家教谋取私利的行为，我们必须坚决反对。

传授知识，教书育人是教师的天职。如果教师动辄以家教为名谋取私利，不仅有损教师形象，也违背了职业道德。随着社会进步和观念变迁，身为教师，应时刻铭记为人师表，自觉践行。我们应该始终坚守教育的初心，以学生的成长和发展为己任，用我们的专业知识和爱心去教育和引导学生，帮助他们健康成长，成为德才兼备的人才。只有这样，才无愧于教师这一崇高的职业，赢得社会的尊重和认可。

🕮 案例：

人民教育家先进事迹——于漪老师

于漪老师是新中国培养的第一代语文教师。她从教 68 年，始终坚守"为中华民族而教"的教育信仰，用"仁爱"之心诠释了新时代教师的高尚师德。于漪老师曾说："教师对学生是全心全意、半心半意，还是三心二意，学生心知肚明。"她将"仁爱"作为教育的核心，不仅关心学生的学业，更关心他们的品德修养和人格成长。她曾接手一个"乱班乱年级"，面对逃学、偷窃、打群架的学生，她没有放弃任何一个孩子，而是用耐心和爱心去感化他们。她甚至把一名离家出走的学生接到自己家中，用自己的言行去温暖他，最终让这个学生走上正道。

于漪老师不仅在教育学生时践行"仁爱"，还通过言传身教影响着身边的教师。她首创"师徒带教"方法，培养了三代特级教师，并为青年教师搭建成长平台。她强调，教师应具备高尚的道德情操和扎实的学识，以身作则，成为学生的榜样。于漪老师的事迹生动诠释了"为人师表"的深刻内涵。她用实际行动证明，教师不仅是知识的传授者，更是学生心

灵的塑造者和人生的引路人。她的教育理念和高尚师德为新时代教师树立了标杆，激励着
广大教师坚守教育初心，践行育人使命。

第六节　终身学习

终身学习是教师专业成长的重要源泉，它不仅是时代发展的需求，也是由教师职业特性决
定的。早在 1996 年，联合国教科文组织在其报告《教育——财富蕴藏其中》中就提出，终身
教育应该伴随人的一生，它被视为开启 21 世纪的一把"钥匙"，并强调应将"终身教育置于社
会的中心位置"。终身学习的理念强调，在现代社会，学习不应被视为一次性的任务，而是一
个持续的过程，需要通过继续教育和终身教育来实现。

对于教师而言，倡导科学精神的一个重要体现就是树立终身学习的理念。教师不仅是知识
的传播者，更是学生学习旅程中的引路人，他们必须不断革新自己的知识体系，紧跟时代步
伐，满足教育发展的迫切需求。通过终身学习，教师可以不断提升自己的专业素养，掌握新的
教育理念和教学方法，从而更有效地引导学生学习，激发他们的学习兴趣和创新思维，同时也
成为能够适应未来教育挑战、持续成长并引领教育创新的专业人才。

终身学习不仅能够帮助教师个人实现专业成长，还能够提高教育质量，促进学生全面发
展。教师通过不断学习和自我完善，能够更好地理解和满足学生的学习需求，为他们提供更加
丰富、多元和个性化的教育。此外，教师的终身学习态度也会对学生产生积极的影响，激发他
们对知识的渴望和对学习的热情，帮助他们形成终身学习的习惯。

因此，作为教师，我们应该积极拥抱终身学习的理念，将其作为自己专业发展的动力。无
论是参与专业培训、研读专业书籍，还是投身于教育研究与实践之中，我们都应不懈追求学习
与成长的机会。通过终身学习，我们可以不断提升自己的教育教学能力，更好地履行教书育人
的职责，为培养新时代的人才作出自己的贡献。

一、终身学习的含义

终身学习是教师专业成长和提升的永恒动力。它要求教师持有科学的态度，培育终身学习
的观念，通过不断拓展知识领域、刷新知识体系、深入研究教育和教学实务，持续提升自身的
专业能力和教学水平。在日新月异的时代背景下，科技飞速发展，信息量呈爆炸式增长，社会
各领域的知识也随之不断丰富、深化与拓展。对于现代人来说，一次性的教育已不足以支撑终
身的职业需求，因此，自发、主动且持续地接受教育和学习变得至关重要。教师作为知识的传
递者和智慧的引路人，更应积极采纳终身学习的理念，不断充实自己的知识库，以适应教育改

革和时代发展的需求。

教师的职业特性也决定了终身学习的必要性。教师的核心职责在于教书育人，这要求每位教师都必须具备自我提升、自我完善及持续更新知识的能力。为了紧跟教育变革的浪潮，教师需不断提升自我素养，刷新知识与能力框架，革新教育观念，深刻洞察教育与学科前沿的动态。故而，教师需矢志不渝地秉持终身学习的理念，凭借不懈的专业探索，勇于开拓创新，持续提升专业素养与教学艺术。

综上所述，终身学习之于教师，不仅是时代浪潮下的必然选择，更是教师职业灵魂的内在呼唤。教师应将终身学习作为自我提升的重要途径，不断追求知识和智慧的增长，以更好地适应教育的发展，更有效地履行教书育人的神圣职责。

二、终身学习的具体要求

《规范》中"终身学习"的具体要求：崇尚科学精神，树立终身学习理念，拓宽知识视野，更新知识结构。潜心钻研业务，勇于探索创新，不断提高专业素养和教育教学水平。

（一）崇尚科学精神，树立终身学习理念，拓宽知识视野，更新知识结构

正如联合国教科文组织在 1998 年的《世界教育报告》中所强调的，教学不仅是一种职业，更是一种需要不断进行持续学习的行业。教师必须适应快速变化的社会背景，通过参加专业培训、阅读专业书籍、利用互联网资源等方式，不断更新知识和技能，以满足教育领域的发展需求。教师在其职业生涯中，应有机会不断更新和补充他们的知识和技能。教师的工作本质上是一种科学活动，需要遵循教育规律，特别是青少年的成长规律和思想品德的形成规律。因此，教师应秉持科学精神，培养终身学习的理念，并将这种精神传递给学生，激励他们积极、主动地学习。

随着时代的发展，对教师的要求也在不断提高。教师的素质并非与生俱来，而是源于持续不断的学习。现代教育理念认为，终身学习是教师成长和发展的必经之路。教师应将终身学习视为一种社会责任和个人发展的需求。教师的素质不能仅凭学历衡量，学历与能力并非等同。只有通过不断地学习，教师的能力才能得到增强，素质才能得到提升。正如教育家陶行知先生所强调的："教师必须不断学习，才能培养出不断学习的学生。"他的教育理念指出，教师的不断自我提升和实践是激发学生学习热情和创造力的关键。教师应不断阅读和更新知识，以引导学生学会阅读和学习；教师应学会终身学习，以教导学生掌握终身学习的能力。

总之，教师的职业发展需要以终身学习作为支撑。教师应不断追求知识的更新和个人能力的提升，以适应教育的变革和学生的需求。通过终身学习，教师不仅能够提升自己的专业素养，还能够激发学生的学习热情，引导他们成为终身学习者，为他们的全面发展和未来的成功奠定坚实的基础。

（二）潜心钻研业务，勇于探索创新，不断提高专业素养和教育教学水平

终身学习是教师提升专业素养、教学水平，并实现持续专业发展的根本途径。教师不应仅仅局限于既有的知识库和经验积累，而应矢志不渝地深化专业学习、提升科研实力，并激发创新意识。教师应自觉将教学过程转化为培养学生创新精神和激发创造力的过程。在网络普及的今天，学生每天面临大量信息和不同文化的碰撞，以及学习和生活中的压力，可能会感到困惑。只有不断充实自己，掌握现代教育技术和教学方法，教师才能有效应对时代的变化，更好地履行传道、授业、解惑的职责。

正如陶行知先生所言："教师要想长期站稳岗位，必须有机会边教边学，做到教学相长，终身学习。"一个不断进步的教师，会边教边学，越学越感到快乐。教育的终极目标是孕育创新型人才，然而，部分教师或因循守旧，或盲目模仿，从而缺失了宝贵的创新精神。只有通过不断学习，教师才能掌握现代化的教学手段，传播先进文化，培养出具有创新能力的人才。教育不应随着学校学习的结束而终止，那些固守旧观念的教师将面临淘汰的风险，正如"逆水行舟，不进则退"。教师若要胜任教书育人的崇高使命，必须深耕业务，勇于探索未知，不断创新实践，持续充实、革新、调适自身的知识体系，确保思想观念和知识能够与时俱进，永葆活力。

总之，教师必须认识到终身教育和终身学习对个人成长和发展的重要性，自觉培养终身学习的理念，不断提升自身素质，跟上时代发展的步伐，满足现代教育的需求。唯有将终身学习的理念践行于日常，教师方能汲取持续发展的不竭动力，稳步前行。

≋ 相关链接：

中小学教师职业道德规范考核内容

1. 爱国守法。热爱祖国，热爱人民，拥护中国共产党领导，拥护社会主义。全面贯彻党和国家教育方针，自觉遵守教育法律法规，依法履行教师职责权利。不得有违背党和国家方针政策的言行；不传播、散布损害国家主权、安全和社会公共利益的言论；不传播宗教和宣传封建迷信。依法履行教师职责权利，不得以任何理由、任何方式有碍完成教育教学任务，不得以非法方式表达诉求、干扰正常教育教学秩序、损害学生利益、毁损学校名誉。

2. 爱岗敬业。忠诚于人民教育事业，有强烈的责任心，树立育人为本、做人民满意教师的理念，勤奋工作，尽职尽责，静心教书，潜心育人，甘为人梯，乐于奉献，自觉履行教书育人的神圣职责。正确处理个人与集体、奉献与获得之间的关系，反对拜金主义、享乐主义和极端个人主义。认真完成备课、教课、作业批改、课后辅导等环节的教学工作，并积极承担教科研任务。不得未备课、无教案上课，不得随意调课或私自找人代课。

3. 关爱学生。坚持以学生发展为本的理念，关心爱护全体学生，尊重学生人格，平等公正对待学生。构建民主、平等、和谐的新型师生关系，同时在日常教育教学管理中，注意采取适当方式对学生进行批评教育，促进学生全面、主动、健康发展。对学生严慈相济，做学生的良师益友。关心学生安全和身心健康，维护学生权益与尊严，危急时刻挺身而出保

护学生安全。不得歧视学生，不得体罚或变相体罚学生，杜绝侮辱学生人格尊严的行为。

4.教书育人。遵循教育规律，实施素质教育。循循善诱，诲人不倦，因材施教。注重学思结合，激发学生创新精神和实践能力，促进学生全面发展。培养学生良好品行，结合所教学科特点将德育渗透于教育教学工作中，塑造学生健全人格。应精心策划课堂教学和实践教学活动，致力于提升教育教学质量，并切实减轻学生的课业负担。严禁对学生有偿补课和有偿家教，不得私自在校外兼课、兼职，不得组织学生统一征订教辅材料。

5.为人师表。坚守高尚情操，知荣明耻，淡泊名利，诚实守信，模范遵守社会公德，积极参加社会公益活动。严于律己，廉洁从教。具有良好的仪表，衣着得体，语言规范，举止文明。严禁在课堂上吸烟、接听手机；禁止在工作时间及工作场所饮酒、打牌、下棋、上网聊天或玩游戏；坚决不参与任何赌博活动。不得透露各类考试内容或组织、参与学生考试作弊；不得在招生、评估考核、职称评审、科研教研等工作中弄虚作假。不得以任何手段抄袭、剽窃和侵占他人劳动成果。严禁利用职务之便向学生或家长谋取私利。

6.终身学习。崇尚科学精神，掌握先进教育教学方法，使用现代教育技术和手段，潜心钻研业务，积极参加继续教育及各种形式的业务培训，不断提高专业素养和教育教学水平。继续教育不仅有助于个人专业技能的增强和职场竞争力的提升，还能拓宽职业道路，增加就业机会，并提高薪资水平。此外，继续教育对教师专业成长具有深远影响，是教师适应社会发展的关键途径，有助于提高教师队伍的整体素质。树立终身学习理念，拓宽知识视野，更新知识结构，不断提高教书育人的能力水平。要把"修身、敬业、爱生"作为自觉行为，通过教育叙事、师德反思、业务自传、校本研修等方式增强职业道德修养，提升职业道德水平。

一、课后思考

1.怎样理解教师对职业的忠诚？

2.在日常教育教学中，教师如何做到严慈相济？

3.如何理解"教书育人"是教师的天职？

4.论述教师"为人师表"的具体要求。

5.如何理解"终身学习"是教师专业发展的不竭动力？

6.结合身边优秀老师的事例，谈谈如何做一位师德高尚的人民教师。

二、教师资格考试真题练习

1.【单选题】"忠诚于人民教育事业，志存高远，勤恳敬业，甘为人梯，乐于奉献。"这是2008年颁布的师德规范中（　　　）的要求。

A.教书育人　　　　B.爱岗敬业　　　　C.爱国守法　　　　D.依法执教

2.【单选题】"春蚕到死丝方尽，蜡炬成灰泪始干"，体现在教师职业道德规范中，就是（　　　）。

A.爱国守法　　　　B.爱岗敬业　　　　C.关爱学生　　　　D.终身学习

3.【单选题】（　　　）是教师职业的本质要求。没有责任就办不好教育，没有感情就做不好教育工作。教师要始终牢记自己的神圣职责，志存高远，把个人的成长进步同社会主义伟大事业、同祖国的繁荣富强紧密联系在一起，并在深刻的社会变革和丰富的教育实践中履行自己的光荣职责。

A.爱国守法　　　　B.爱岗敬业　　　　C.举止文明　　　　D.关心集体

4.【单选题】在编选校本教材时，尚老师一丝不苟地审查每一篇文章，即使插图的一点小瑕疵，都会改过来，这表明尚老师（　　　）。

A.诲人不倦　　　　B.公正待生　　　　C.爱岗敬业　　　　D.廉洁奉公

5.【单选题】学生陈某平时自由散漫，学习不认真，一天在课堂上用手机给班上的女同学发短信"曾某，我喜欢你"，被上课的王老师发现并收缴。王老师将陈某的短信在课堂上宣读，同时指责其"思想堕落，道德败坏"。下课后陈某要求王老师归还手机，王老师说："这是罪证，不能归还，要交学校德育处。"王老师的做法最主要违背了下列师德要求中的（　　　）。

A.爱国守法　　　　B.爱岗敬业　　　　C.严谨治学　　　　D.终身学习

6.【单选题】汪老师在班上设立"坏学生"榜，那些爱打闹、不能按时交作业的学生都榜上有名。汪老师的做法（　　　）。

A.不合理，没有认真备课上课　　　　B.不合理，侵犯了学生人格权

C.合理，体现了对学生的严格要求　　　　D.合理，有助于维护教师权威

7.【单选题】教师职业道德修养的基础是（　　　）。

A.爱国守法　　　　B.爱岗敬业　　　　C.教书育人　　　　D.为人师表

8.【单选题】李老师认为爱国主义教育应从幼儿开始，于是她经常在班内开展：中国娃娃、我的少数民族朋友、爱祖国、爱首都等爱国主题活动，这表明李老师在教学工作中能够做到（　　　）。

A.爱国守法　　　　B.爱岗敬业　　　　C.终身学习　　　　D.关爱幼儿

9.【单选题】教师职业道德高低的试金石是（　　　）。

A.教书育人　　　　B.为人师表　　　　C.热爱学生　　　　D.严谨治学

10.【单选题】朱老师，因为一位学生没有给其送礼物，对该学生不闻不问，导致该同学从原来的开朗活泼变得内向木讷。朱老师的行为（　　　）。

A.不影响正常教学

B.妥当，这是朱老师的自由

C.不妥，朱老师的行为违反了廉洁奉公、关心爱护全体学生的教师职业道德

D.不妥，朱老师的行为违反了爱岗敬业，终身学习的教师职业道德

11.【单选题】孙老师把没有按时完成作业的学生赶到操场上，让他们在冷风中把作业写完，说要让学生明白学习的艰辛。这说明孙老师没有做到（　　　）。

A.关爱学生　　　　B.因材施教　　　　C.廉洁从教　　　　D.严谨治学

12.【单选题】在教育教学活动中，对学生的不良行为视而不见、不问不管或对学生讽刺、挖苦、实施体罚或变相体罚，这都是明显的违反师德的行为，违反的是现行《中小学教师职业行为规范》要求中的（　　　）。

A.关爱学生　　　　B.爱岗敬业　　　　C.严谨治学　　　　D.工作认真

13.【单选题】反映教师职业与其他职业不同的本质特征是（　　　）。

A.为人师表　　　　B.献身教育　　　　C.教书育人　　　　D.公而忘私

14.【单选题】有的班主任教师用考试分数给学生排名次，并把它作为安排、调整座位和评先推优的唯一标准。这违反了《中小学教师职业道德规范》中的（　　　）。

A.爱国守法　　　　B.教书育人　　　　C.关爱学生　　　　D.爱岗敬业

15.【单选题】（　　　）是教师的天职，教师必须遵循教育规律，实施素质教育，循循善诱，诲人不倦，因材施教，培养良好学生品德，激发学生创新精神，促进学生全面发展。

A.爱国守法　　　　B.爱岗敬业　　　　C.教书育人　　　　D.关心集体

16.【单选题】师德规范的核心内容之一是（　　　）。

A.严谨治学　　　　B.教书育人　　　　C.爱护集体　　　　D.举止文明

17.【单选题】"学为人师，行为世范"的主要内容是（　　　）。

A.教书育人　　　　B.为人师表　　　　C.献身教育　　　　D.廉洁从教

18.【单选题】有位学生将几片纸屑随意扔在走廊上，王老师路过时顺手捡起并丢进垃圾桶，该学生满脸羞愧。王老师的行为体现的职业道德是（　　　）。

A.廉洁奉公　　　　B.为人师表　　　　C.爱岗敬业　　　　D.热爱学生

19.【单选题】当前教师队伍中存在着部分教师以教谋私，热衷于有偿家教的现象，实际上这违背了教师（　　　）。

A.爱岗敬业的职业道德　　　　　　　　　　B.关爱学生的职业道德

C.严谨治学的职业道德　　　　　　　　　　D.廉洁从教的职业道德

20.【单选题】"活到老，学到老"，要求教师坚持（　　　）的职业道德规范。

A.为人师表　　　　B.关爱学生　　　　C.终身学习　　　　D.教书育人

参考答案

参考文献

[1] 檀传宝. 教师职业道德 [M]. 北京：北京师范大学出版社，2015.

[2] 钱焕琦. 教师职业道德 [M]. 4 版. 上海：华东师范大学出版社，2020.

[3] 苏艳霞. 教育政策与法规 [M]. 北京：北京师范大学出版社，2016.

[4] 杜德栎，任永泽. 教师道德与教育法规 [M]. 北京：北京大学出版社，2016.

[5] 石正义. 小学教育政策与法规 [M]. 北京：北京师范大学出版社，2015.

[6] 阮成武. 小学教育政策与法规 [M]. 2 版. 北京：高等教育出版社，2017.

[7] 杨颖秀. 教育法学 [M]. 4 版. 北京：中国人民大学出版社，2019.

[8] 劳凯声，蒋建华. 教育政策与法规概论 [M]. 北京：北京师范大学出版社，2015.

[9] 张乐天. 教育政策法规的理论与实践 [M]. 4 版. 上海：华东师范大学出版社，2020.

[10] 许映建，陈玉祥. 教师职业道德与教育法规教程 [M]. 南京：南京大学出版社，2021.

[11] 侯耀先. 教师职业道德与教育政策法规 [M]. 长沙：中南大学出版社，2022.

[12] 马克斯·范梅南. 教学机智：教育智慧的意蕴 [M]. 2 版. 李树英，译. 北京：教育科学出版社，
2014.

[13] 王道俊，王汉澜. 教育学 [M]. 北京：人民教育出版社，1989.

[14] B. A. 苏霍姆林斯基. 给教师的建议 [M]. 周蕖，王义高，刘启娴，等译. 武汉：长江文艺出
版社，2018.

[15] 王昭君. 教师职业道德与教育法律法规 [M]. 长沙：湖南大学出版社，2021.

[16] 王正平，郑百伟. 教育伦理学：理论与实践 [M]. 上海：上海教育出版社，1998.

[17] 杜德栎，任永泽. 教师道德与教育法律法规 [M]. 北京：北京大学出版社，2025.

[18] 中共中央马克思恩格斯列宁斯大林著作编译局. 马克思恩格斯选集 [M]. 北京：人民出版社，
2012.

[19] 中共中央马克思恩格斯列宁斯大林著作编译局. 马克思恩格斯选集 [M]. 北京：人民出版社，
2006.